pesos

SECCIÓN DE OBRAS DE POLÍTICA Y DERECHO

DEMOCRACIA
¿Gobierno del pueblo o gobierno de los políticos?

JOSÉ NUN

DEMOCRACIA
¿Gobierno del pueblo o
gobierno de los políticos?

Fondo de Cultura Económica

México - Argentina - Brasil - Chile - Colombia - España
Estados Unidos de América - Perú - Venezuela

Primera edición, 2000
Segunda reimpresión, 2001

En tapa: *Mujer atada* (detalle), caja de Diana Chorne.

D.R. © 2000, FONDO DE CULTURA ECONÓMICA DE ARGENTINA, S.A.
El Salvador 5665; 1414 Buenos Aires, Argentina
e-mail: fondo@fce.com.ar
Av. Picacho Ajusco 227; Delegación Tlalpan; 14200 México D.F.

ISBN: 950-557-373-1

IMPRESO EN ARGENTINA - PRINTED IN ARGENTINA
Hecho el depósito que marca la ley 11.723

Nota preliminar

A PEDIDO de Enrique Tandeter, comencé a escribir este libro para que fuera publicado en la Serie Breves de Fondo de Cultura Económica, que él dirige. Por eso, procuré ajustarme en todo lo posible a los parámetros de esa colección, que está destinada a un público amplio y elude las exigencias formales de los trabajos académicos que apuntan a lectores especializados. Sólo que el texto acabó excediendo la extensión requerida y aparece en una colección distinta. Mantuve, sin embargo, la orientación que le di inicialmente al trabajo, aunque he agregado un apéndice con las principales fuentes bibliográficas que utilicé.

De más está decir que un libro como éste se halla dedicado a todos los que tengan la paciencia de leerlo. Pero deseo agregarle también una dedicatoria muy especial y muy cariñosa para Diana, mi mujer, y para mis hijos Paula, Diego y Juan.

I. Introducción

HACE un siglo y medio, Lincoln advertía que su país estaba necesitando con urgencia una definición de la palabra libertad porque se la había desfigurado en exceso: "El mundo nunca tiene una buena definición para esta palabra" –se lamentaba–. "Todos estamos decididamente a favor de la libertad, sólo que no siempre pensamos lo mismo cuando la palabra sale de nuestros labios".

Es una experiencia que hoy se repite puntualmente en América Latina con la palabra democracia. Más todavía: si algo llama la atención es la facilidad con que, a pesar de ello, ha pasado a ser uno de esos lugares comunes que se discuten cada vez menos y que suscita muy escasas observaciones como la de Lincoln. Paradójicamente, el tema es objeto de mayor debate en el "Primer Mundo" que entre nosotros. Parece haber más de un motivo para que las cosas sean así.

En primer lugar, dado el escaso tiempo transcurrido desde las dictaduras militares que los precedieron, la mayoría de los actuales regímenes políticos siguen siendo evaluados, en parte, por oposición a aquéllas, o sea, por lo que no son. Y esto, independientemente de la calidad de sus propias instituciones y prácticas, del apoyo que despiertan e inclusive de la distancia real que las separa del pasado. En todo caso, resulta razonable que se le adjudique un signo positivo a lo otro del horror.

Un segundo motivo proviene de la gran difusión que ha alcanzado el "no hay alternativas" del neoliberalismo y, con él, un enfoque formalista y tecnocrático de la democracia que, más allá de la retórica, es tratada sobre todo como un sistema de equilibrio posible, recomendable mientras no dé lugar a abusos que afecten las pautas actuales de acumulación capitalista. De ahí que, aparentemente, a muchos les alcanza con que haya elecciones periódicas y, según los lugares, un caudal más o menos amplio de libertades públicas para considerar así saldado su compromiso con la democratización de la vida política. Pedir más sería utópico y ya sabemos a qué abismos conducen las utopías.

Después, de resultas de una serie de factores que serán explorados más adelante y entre los cuales ocupan un lugar de privilegio las crisis económicas y los procesos de exclusión social, ha ocurrido una profunda y generalizada desarticulación de las identidades y de las solidaridades de los sectores populares, los cuales se contaron históricamente entre los mayores impulsores y sostenes de una participación política amplia. El contraste es notorio: décadas atrás, la mayoría de los excluidos políticos eran trabajadores que luchaban para lograr acceder a la ciudadanía; hoy, la mayoría de los excluidos sociales son desocupados y subocupados que concentran sus energías en tratar de sobrevivir.

Por último, asistimos también a una palpable retracción del pensamiento crítico. Lo menos que puede decirse es que el tema de la democracia no se ha convertido en América Latina en el fermento de un debate sobre el presente y el futuro de nuestros países. Supongo que todavía son muchos los intelectuales que sufren de mala conciencia por haber atacado durante tantos años a la democracia *formal* (siguiendo una larga tradición que inició la izquierda francesa en 1848) y temen que cualquier objeción que hagan ahora sea mal interpretada. Sólo que, así como antes las alternativas que esos intelectuales hacían suyas –y de las que hoy reniegan– eran el mayor problema, ahora éste es su actual recato, que termina volviéndose otra de esas conocidas instancias en las cuales se arroja al chico junto con el agua de la bañera.

A ello se suma el hecho nada secundario de que, en razón misma de la historia política de nuestros países, tradicionalmente el pensamiento social latinoamericano ha reflexionado mucho más acerca de los regímenes oligárquicos, populistas o despóticos que sobre los regímenes democráticos. Esto, unido a la timidez crítica que señalo, lo volvió especialmente receptivo a los análisis de la democracia prevalecientes en el Primer Mundo, en especial los de origen anglosajón y de orientación eminentemente descriptiva.

El resultado de todas estas circunstancias (y de varias más que podrían agregarse) es que, a diferencia de otras épocas, la pobreza material que afecta en este comienzo de siglo a una masa cada vez más grande de latinoamericanos viene acompañada por un empobrecimiento también creciente de la discusión pública acerca de la organización de nuestras sociedades y de los modos más justos y equitativos de gobernarlas.

Por eso me parece que es éste un buen momento para replantear algunos aspectos concretos del tema de la democracia y para revisar ciertos lugares comunes que los han vuelto brumosos. Mi propósito, reitero, no es aquí el del tratadista. Deseo poner simplemente en la agenda, en forma accesible y con un mínimo de aparato académico, una serie de cuestiones referidas a las condiciones de posibilidad de la democracia, a los vínculos entre la ciudadanía y los derechos sociales y, en última instancia, a las relaciones que pueden existir en esta época entre la democracia y la igualdad. Lo hago porque las juzgo de especial relevancia, que no es lo mismo que sostener que son las únicas cuestiones relevantes.

En todo caso, estoy convencido de que son premisas mayores de cualquier diálogo serio sobre el asunto; y, también, que se ha tendido a relegarlas a un segundo plano durante demasiado tiempo, haciéndoles el juego a quienes suelen no tener ningún interés en discutirlas. Esto explica que, como diría Lincoln, la noción de democracia se haya ido desfigurando y que la literatura no tenga más remedio que acudir a los epítetos (democracias *transicionales*, *incompletas*, *delegativas*, *de baja intensidad*, *relativas*, *inciertas* o, incluso, en una significativa perversión del lenguaje, democracias *autoritarias*).

No se trata, claro, del uso mismo de adjetivos. En realidad, el término democracia nunca ha podido privarse de ellos: desde fines del siglo XVIII se le comenzó a agregar el de "representativa" así como después se la llamaría, según los casos, "directa", "liberal" o "parlamentaria". Pero aquellos epítetos remiten a otra cosa, a las ausencias o deformaciones del objeto que describen; y por eso son síntomas de un malestar al que es necesario prestarle toda la atención que merece. Para ello, un buen recurso consiste en regresar a algunos puntos de partida conocidos que mantienen su actualidad y que pueden servir para encauzar la discusión. Pero antes, un par de consideraciones preliminares.

II. Los parecidos de familia

CONVIENE admitir de entrada que, en términos generales y contra lo que podría creerse, no es mucho todavía lo que sabemos acerca de la democracia con suficiente certeza empírica o teórica.

Se explica. Como han observado Darnton y Duhamel,* aun sumando los casi dos siglos de democracia ateniense y los escasos dos siglos de democracia occidental (cálculo éste que peca notoriamente por exceso), en 2.600 años de historia el fenómeno democrático sólo se ha manifestado en algunos pocos lugares de la tierra durante bastante menos de 400 años; y todavía hoy le resulta ajeno casi por completo a unas 4/5 partes de la humanidad. Más aún: en el último medio siglo, han existido regímenes constitucionales continuadamente democráticos en apenas una veintena de países que, por añadidura, presentan abundantes diferencias entre sí.

Por otro lado, así como los atenienses no nos legaron ningún análisis sistemático de su experiencia, varios de los textos fundamentales acerca de la democracia moderna fueron escritos por quienes, o nunca llegaron a conocerla (Montesquieu, Rousseau), o sólo resultaron testigos de sus primeros pasos (Tocqueville, J. Stuart Mill). Y, más contemporáneamente, la mayoría de las mejores y más influyentes contribuciones sobre el tema se han ocupado del estudio de casos muy particulares, en especial el de las denominadas democracias anglosajonas.

---

* El lector interesado puede consultar las principales referencias en la Orientación bibliográfica.

Con lo cual llego a uno de los núcleos del planteo que quiero defender aquí. Esto es, que el concepto de democracia posee una típica estructura de *parecido de familia* y que de esa manera debe ser tratado. Los párrafos que siguen buscan aclarar brevemente el significado y los alcances de esta afirmación.

Es habitual suponer que cuando aplicamos un mismo concepto a un conjunto de instancias diversas lo hacemos a causa de una o más propiedades que estas instancias tienen en común. Y muchas veces es así: por ejemplo, hay hermanas buenas y malas, lindas y feas, gordas y flacas; pero todas poseen la propiedad común de ser hijas de los mismos padres. Sólo que, en los años treinta, el filósofo austríaco Ludwig Wittgenstein alteró la paz de los epistemólogos al mostrar que frecuentemente las cosas ocurren de un modo bastante distinto.

Piénsese, propuso, en la palabra "juegos". Basta un momento de reflexión para advertir que la palabra designa una amplísima gama de actividades que no se caracterizan por un elemento que les sea común a todas: hay juegos de un solo jugador o de varios; de azar o de destreza; entre profesionales o entre aficionados; con pelotas, con dados, con flechas o con naipes; etc. Nos hallamos más bien aquí ante un repertorio complejo de similitudes y diferencias, de rasgos que tan pronto aparecen como desaparecen cuando intentamos realizar cualquier comparación. Las actividades a las cuales nos referimos poseen entre sí, digamos, un *aire de familia*; y, por eso, como en una familia, este "aire" no es necesariamente transitivo: A puede tener alguna semejanza con B y B con C sin que suceda otro tanto entre A y C. No es extraño, entonces, que cuando se nos pide que expliquemos qué es un juego, por lo común demos ejemplos, o sea, que apelemos a la descripción.

Si bien son múltiples las consecuencias que resultan del argumento de Wittgenstein, me voy a circunscribir a las que más interesan a nuestro asunto. Primeramente, se sigue de lo anterior que no solemos aplicar conceptos con estructura de parecido de familia a ciertos casos porque tengan algunas propiedades en común sino que, al revés, adquieren estas propiedades como resultado de la operación que los incluye en el mismo concepto (¿cuáles son las fronteras estipulables para la palabra "juego"?). Después, queda claro así el carácter eminentemente convencional de los conceptos que utilizamos: para continuar con el ejemplo, en realidad importan menos las características propias de los juegos que las características de la situación concreta que nos lleva a categorizar a algunas actividades como juegos y no a otras. Por último, como no se trata aquí simplemente de una teoría acerca de parecidos –lo cual volvería al concepto tan indeterminado como inútil– sino acerca de parecidos *de familia*, los juicios de semejanza giran siempre en torno a instancias específicas que se adoptan como paradigmáticas, esto es, como objetos de comparación: en una familia, uno se parece (o no) a alguien.

Regresemos ahora a la democracia. En consonancia con lo anterior (y contra cualquier esencialismo), hoy en día usamos esta palabra cuando hablamos de regímenes políticos particulares no tanto a causa de las propiedades comunes que poseen sino que, en verdad, acaban poseyendo estas propiedades comunes de resultas de la operación que los clasifica como democracias: *todo depende de los criterios que se convenga en considerar relevantes y del punto en que se acuerde dejar de hacer distinciones.* Por eso pueden ser ubicadas en la misma categoría de democracias una monarquía constitucional y una república, un gobierno presidencialista y otro parlamentario o países con sistemas electorales completamente diversos. (Es revelador que los propios casos de Gran Bretaña y de los Estados Unidos hayan dado lugar a intensos debates entre los politólogos: unos no vacilan en ponerlos en un casillero común, el de las "democracias anglosajonas"; otros, en cambio, cuestionan esta asimilación porque contrastan el parlamentarismo británico con el presidencialismo norteamericano, la índole unitaria de un gobierno con la federal del otro, el bipartidismo fuerte de los ingleses con el débil y amorfo de los norteamericanos, etcétera.)

En cuanto a los casos paradigmáticos, de entre unas doscientas naciones independientes que existen en el mundo, se tiende a designar hoy como democracias representativas estables apenas a una treintena. Este contingente tan escaso es, sin embargo, el mayor que ha conocido la historia contemporánea; y, por añadidura, recién alcanzó esta magnitud en las últimas décadas. Ambas circunstancias hacen que operen naturalmente como objetos de comparación aquellos casos que acreditan una experiencia más dilatada y permanente y que han recibido los análisis más elaborados. Me refiero, desde luego, a un puñado de países capitalistas de gran desarrollo: los anglosajones, en primer lugar; y después, unos pocos más del oeste europeo.

Dado que éstos son los puntos acostumbrados de referencia que se usan, el estatuto de concepto con estructura de parecido de familia que le asigno a la democracia debe servirnos desde ya como voz de alerta: ¿son pertinentes o no los rasgos que se seleccionan cuando se incluye a otros contextos en la misma categoría?; ¿se supone que tales características ocurren en todos los casos o en unos sí y en otros no?; ¿puede establecerse alguna jerarquía entre esos rasgos?; ¿hay modos de equivalencia por lo menos parciales que sean justificables? Más todavía: ¿hablamos en verdad de una familia o de varias?

Intento decir así que siempre resulta necesario examinar y discutir los criterios de inclusión que se emplean al igual que su aplicabilidad a las nuevas situaciones; y que no existe manera de evitarlo. Los conceptos con estructura de parecido de familia son tan indispensables como problemáticos. ¿Qué mejor evidencia de la dificultad que esos peculiares aditamentos que la literatura latinoamericana de los últimos años se ve obligada a ponerle a la noción de democracia? El sistema político de tal país se parece al de las democracias establecidas, pero quizás no tanto y en aspectos un poco secundarios, o acaso en los menos buenos…

Hay algo más: una parte significativa del trabajo científico consiste en trabajar sobre los conceptos con estructura de parecido de familia para controlar su vaguedad, refinar los criterios de inclusión y, finalmente, conseguir aislar una o varias propiedades comunes que efectivamente se den al menos en una parte de los casos, llegando así a la formulación de conceptos definitivos (al menos transitoriamente, o sea, hasta que aparezcan de nuevo instancias anómalas).

Pues bien, proliferan en la bibliografía sobre la democracia los esfuerzos de esta índole. Pero, lamentablemente, fracasan, como lo ilustraré al referirme a uno de los más conocidos ejemplos contemporáneos de tal empeño. Y sospecho que seguirá siendo así por mucho tiempo porque creo que el destino epistemológico mismo del concepto de democracia es el que sostengo, o sea que, como los juegos, mantendrá obstinadamente su estructura de parecido de familia. Confío en que todo esto se irá haciendo más claro en las páginas que siguen.

III. Atenas y Esparta

QUE LA noción de democracia fue problemática desde un principio lo sugiere el propio doble significado original de *demos* en griego: por una parte, el término designaba al conjunto de los ciudadanos; pero, por la otra, nombraba a la multitud, a los pobres y a los malvados. ¿Hace falta decir cuál era la acepción que preferían los enemigos de la democracia ateniense?

Vale recordar, en este sentido, que el famoso "sólo sé que no sé nada" de Sócrates no quiso ser una expresión de modestia sino una burla dirigida a las ambiciones de esa heterogénea multitud que pretendía gobernar Atenas cuando era tan inculta que, a diferencia del filósofo, ni siquiera tenía conciencia de su ignorancia. Eco moderno del empleo peyorativo del término, por lo menos hasta 1830 en los Estados Unidos y hasta las revoluciones de 1848 en Europa, pocos se atrevían a proclamarse partidarios de la democracia.[1]

Pero cualquiera sea el valor que se le atribuya y la definición que se emplee, si algo enseñan aquellos 400 años de historia que mencioné antes es que cuando se utiliza el término democracia se da siempre por supuesto, como mínimo, que *el poder estatal tiene como fundamento último el consentimiento libremente expresado de todos los ciudadanos*. Ésta es la convención básica, que compar-

---

[1] Leibniz, probablemente el más grande filósofo europeo del siglo XVII, escribía: "no existe hoy príncipe alguno que sea tan malo como para que no resulte mejor ser su súbdito que vivir en una democracia". Como recordarían muchos años después Charles y Mary Beard refiriéndose a la Constitución norteamericana: "Cuando fue escrita la Constitución ninguna persona respetable se llamaba a sí misma democrática".

ten tanto los críticos como los defensores de las diferentes formas de democracia, sean ellas antiguas o modernas, directas o representativas.

¿Nos habríamos equivocado, entonces? ¿Sería ésta la propiedad común que estábamos buscando? La dificultad radica en que tal convención básica se halla muy lejos de proporcionarnos un criterio simple y unívoco de inclusión puesto que remite inevitablemente a una serie compleja y controvertida de cuestiones previas, encargadas de establecer en qué consiste la libre expresión del consentimiento, cuáles deben ser sus alcances y a quiénes corresponde denominar ciudadanos. (Es como si nos contentáramos con definir la palabra *juego* diciendo que se trata de una actividad de diversión o esparcimiento.)

Para avanzar, propongo que hagamos en este punto una distinción muy importante, sobre la cual volveremos varias veces: una cosa es la *idea* de la democracia como autogobierno colectivo (eso que llamo la convención básica) y otra, sus *manifestaciones históricas concretas*. Constituiría un paralogismo flagrante imaginar que estas últimas pueden ser encarnaciones directas y puras de esa idea. En cada lugar incorporan y combinan de manera desigual tradiciones, costumbres, instituciones, creencias y estilos locales, a la vez que vehiculizan interpretaciones diversas acerca de la viabilidad práctica de aquella convención general. *De ahí que sea en relación a tales manifestaciones históricas concretas que operan (o no) los parecidos de familia a los cuales me refiero.*

Más aún que, esquemáticamente y en una primera aproximación al tema, importa diferenciar entre dos grandes interpretaciones de la participación de los ciudadanos en el espacio público, ambas de larga prosapia. Una es precisamente la de la democracia entendida como expresión efectiva de la voluntad general, es decir, como *gobierno del pueblo*. La otra, en cambio, concibe principalmente a la participación popular como soporte del *gobierno de los políticos*. Y es desde ya significativo que fuera la segunda visión (defendida por los Federalistas) y no la primera (sustentada por los anti-Federalistas) la que nutriese la Constitución de los Estados Unidos, en la cual iban a inspirarse luego la mayoría de las constituciones latinoamericanas.

Desde un punto de vista histórico, la democracia ateniense es, sin duda, la experiencia que mejor simboliza aquella primera visión y por eso los estudiosos del tema acostumbran volver una y otra vez sobre ella. Evoca una imagen poderosa aunque no totalmente verdadera: la del conjunto de los ciudadanos reunidos en asamblea para decidir sobre los asuntos colectivos de manera directa y sin mediaciones. Como se sabe, ni las mujeres, ni los metecos, ni los esclavos contaban entre los ciudadanos; aun así, el número de estos últimos varió, según las épocas, entre 30 mil y 60 mil, mientras que en el ágora no cabían muchos más de los 6 mil que constituían el quórum de la asamblea. Por otra parte, existían paralelamente instituciones representativas, si bien sus miembros eran elegidos al azar y por períodos que no superaban el año. (Los atenienses no consideraban democrático el voto pues, decían, era un método que favorecía inevitablemente a los ricos, a los de buena cuna y a los exitosos.) En todo caso –y por aleccionadoras que sean también sus limitaciones–, la *polis* ateniense queda como uno de los máximos ejemplos conocidos de gobierno del pueblo y sigue siendo válido adoptarla como punto de referencia de esta perspectiva.

Pero la Grecia antigua nos proporciona además un antecedente admitidamente rudimentario de eso que denomino, en forma genérica, el gobierno de los políticos, por más que esto ocurriese en un contexto que no era ni pretendía ser democrático. Es que, en Esparta, el poder estaba en manos de una elite pero los miembros del Consejo de la ciudad eran nombrados mediante un procedimiento que anticipaba en alguna medida lo que después sería la elección de representantes a través del sufragio en muchas democracias modernas. Los candidatos desfilaban ante los ciudadanos reunidos en asamblea (cuyo número total no pasó nunca de unos 9 mil) y éstos los vivaban o no según sus preferencias. En un recinto adyacente, evaluadores imparciales registraban en tabletas escritas la intensidad de los aplausos y de los gritos que recibían los postulantes y por este método (que Aristóteles consideraba decididamente infantil pero nos es menos remoto de lo que aparenta) determinaban quiénes eran los ganadores.

Atenas y Esparta, entonces, puntos de arranque simbólicos de dos grandes visiones que, en ciertas épocas y lugares, promovieron la formación de familias distintas. Sin embargo, en este siglo, y especialmente desde los tiempos de la Segunda Guerra Mundial, ambas han terminado por confluir en una sola gran familia, la de las democracias occidentales, pese a que la convivencia entre esas perspectivas no siempre haya sido, ni sea, pacífica o armoniosa. Por ello, debido a razones de espacio pero sin mayor daño para mis propósitos, haré comenzar en los años cuarenta del siglo XX el recorrido que las páginas que siguen se ocuparán de registrar.

Datan de ese momento dos elaboraciones fundamentales de una y otra corriente que, explícitamente o no, han establecido hasta hoy los principales parámetros del debate acerca de la democracia. La primera es de 1942 y fija algunos de los argumentos más serios en los que se sustenta la visión "gobierno de los políticos". La segunda se conoció en 1949 y perfila el tipo de ciudadano que exige actualmente cualquier propuesta de democracia inspirada en la idea del "gobierno del pueblo". Una y otra nos ayudarán, espero, a conocer mejor aspectos claves de la gran familia de la que vengo hablando y a la cual no pocos nuevos regímenes políticos aspiran a pertenecer.

IV. Schumpeter y los políticos

La democracia como método

JOSEPH Schumpeter fue un notable economista, compatriota de Wittgenstein, que enseñó durante mucho tiempo en Harvard. Había nacido en 1883, el mismo año en que murió Marx y en que llegaba al mundo Keynes; y buena parte de sus esfuerzos académicos estuvieron dirigidos a criticar a los dos. Aristócrata y elitista, fue toda su vida un conservador lúcido y riguroso, que intentó mantener separadas la ciencia y la política.[2] En 1942 publicó *Capitalismo, socialismo y democracia*, obra que, según sus propias palabras, condensa una dedicación de cuatro décadas al estudio y al análisis del socialismo.

La tesis principal del libro es que, inevitablemente, el socialismo reemplazará al capitalismo. Y no, como creía Marx, debido a las fallas del capitalismo sino justamente por sus éxitos: el progreso y las innovaciones se volverán rutina y, entonces, el capitalismo deberá cederle el sitio a un sistema más racional, regido por una autoridad planificadora centralizada. (Que esto no haya ocurrido no impide

---

[2]   Como relataría años después Paul Samuelson, uno de sus mejores discípulos, Schumpeter había declarado tempranamente que lo movían tres grandes ambiciones en la vida: ser el mejor amante de Viena, el mejor jinete de Europa y el mejor economista del mundo. Hay quienes sostienen que logró cumplir la tercera de esas ambiciones aunque él mismo nunca lo creyó así. Ya radicado en los Estados Unidos, le sumó otros dos objetivos a su agenda personal: convertirse en un entendido en arte y tener éxito en la política. Es obvia la relación especular con Keynes, patrón de la danza y de la música, director del Banco de Inglaterra y representante económico de su país en los Estados Unidos.

que Schumpeter –el "Marx de la burguesía", según lo bautizara un colega– sea revalidado hoy como uno de los economistas por excelencia de la era de la globalización, dado el lugar que ocupan en su teoría esos procesos de "creación destructiva" a los cuales consideraba, por buenas razones, una de las mayores virtudes del capitalismo. Valga de ejemplo el libro sobre Silicon Valley que escribió Andrew Grove, conocido gurú de la informática, que recoge desde el título una frase típicamente suya: *Sólo sobreviven los paranoicos*.)

Es en ese contexto donde Schumpeter se pregunta si la democracia y el socialismo son compatibles, lo cual lo remite a la cuestión previa de saber qué debe entenderse por democracia. Y precisamente su tratamiento de esta cuestión iba a constituirse hasta nuestros días en una de las partes más difundidas e influyentes de la obra.

En este punto no está de más señalar que si a algo invitaba una discusión sobre el tema en 1942, era a ejercer un realismo muy cauteloso: en 1920, había en el mundo treinta y cinco o más gobiernos de democracia representativa constitucionalmente elegidos; en 1938, la cifra se había reducido a menos de la mitad; y a comienzos de la década del cuarenta no quedaban más de doce. Como recuerda Hobsbawm, en esa época "nadie predijo ni esperaba que la democracia se revitalizaría después de la guerra". Eran el fascismo y el comunismo los que estaban en ascenso y a ellos parecía pertenecerles el futuro.

El realismo bastante descarnado que efectivamente despliega Schumpeter en su análisis parte de juzgar a la democracia como un método político y no como un fin en sí misma. De ahí que cualquier afirmación acerca de su funcionamiento carezca de sentido "sin una referencia a tiempos, lugares y situaciones dados". La democracia puede o no contribuir al desarrollo económico, a la justicia social o a que todos coman, sean sanos y se eduquen: el hecho fundamental es que se trata exclusivamente de un procedimiento.

¿En qué consiste? Tradicionalmente suele creerse, dice Schumpeter, que en una democracia el electorado define y decide las controversias políticas primero y designa después a un conjunto de representantes para que se ocupen de implementar tales decisiones. Está hablando, en esencia, de la visión que antes denominé *gobierno del pueblo*. Sin embargo, añade, salvo casos excepcionales, en la práctica las cosas nunca suceden así. Por el contrario, la secuencia se invierte: primero se elige a los representantes y son éstos quienes luego se encargan de resolver las controversias y de tomar las decisiones.

Por lo demás, no podría ser de otro modo. La comunidad se divide siempre en un conjunto relativamente pequeño de dirigentes políticos y en una gran masa de ciudadanos, con una franja intermedia de militantes que operan como nexo. Los dirigentes (y sus asesores y sus técnicos) se organizan en partidos que reclutan militantes y que elaboran plataformas que después le proponen al electorado; y a éste solamente se lo convoca a optar entre ellas. Claro que no es la única vía por la cual las preferencias populares entran en el modelo. También lo hacen a través de la propia competencia entre los dirigentes, que se ven obligados a adecuar sus programas a esas preferencias para conseguir ganarse el favor de los votantes.

La similitud con el modo en que funciona una economía de mercado es ostensible: los partidos actúan como empresas que les ofrecen sus productos a ciudadanos que se comportan como si fueran consumidores que, en este caso, no disponen de dinero sino de votos. Pero en la óptica schumpeteriana no se trata de un mercado de competencia perfecta sino oligopólica, tanto por su alto grado de concentración como por la medida en que, inevitablemente, las preferencias del público acaban siendo siempre manipuladas.

¿Qué hay, entonces, de la voluntad general? Por un lado, en toda comunidad las diferencias de valores y de opiniones son tales que resulta imposible que esa voluntad se forme y, menos todavía, que pueda servir de base al consenso en torno a un supuesto "bien común claramente determinado y discernible por todos". Por otro lado, sería ingenuo no darse cuenta de que los pretendidos deseos de los electores son fabricados por la propaganda, de manera que "la voluntad del pueblo es el producto y no la fuerza propulsora del proceso político".[3] Tanto más que "el ciudadano normal desciende a un nivel inferior de prestación mental tan pronto como penetra en el campo de la política". Este campo se le aparece como tan remoto y complejo que "él mismo calificaría de infantil" el modo de argumentación y análisis que utiliza en la materia "si estuviese dentro de la esfera de sus intereses efectivos".

Sólo que a esta altura surge ya una primera dificultad importante. Según se advierte, el modelo elaborado por Schumpeter contiene un único elemento democrático, mediato o inmediato, que es la competencia electoral; sin ella, no podría aspirar a llamarse democrático. Pero, a la vez, sus juicios tan negativos sobre el electorado hacen que a primera vista no se entienda por qué supone que los votantes estarán en condiciones de intervenir válidamente en esa competencia.

Cabe una sola respuesta a esto, y no es demasiado sólida: se requeriría una menor dosis de racionalidad para elegir a los dirigentes, que para decidir las políticas a aplicar. Es ciertamente la solución por la que opta Schumpeter, para quien "la democracia significa tan sólo que el pueblo tiene la oportunidad de aceptar o rechazar a los hombres que han de gobernarle". De ahí que, según él, el método democrático no sea más que un "sistema institucional para llegar a las decisiones políticas, en el que los individuos adquieren el poder de decidir por medio de una lucha competitiva por el voto del pueblo".

Enseguida veremos que él mismo percibe los límites de esta solución. Aun desde su perspectiva, ¿por qué estarían los ciudadanos que describe en condiciones de evaluar a los distintos candidatos y sus plataformas? ¿De cuáles recursos dispondrían para procesar adecuadamente los mensajes que reciben o para justipreciar los de-

---

[3]   Veinte años después, el politólogo norteamericano V. O. Key Jr. iba a condensar el punto en una fórmula que se haría famosa: "la voz del pueblo no es más que un eco" –de las voces de los partidos, de los candidatos, de la publicidad, etc.–.

sempeños pasados o presentes de los postulantes? (Hamilton y los Federalistas norteamericanos fueron más consistentes y terminantes en este punto: simplemente no creían que los ciudadanos comunes estuviesen en condiciones de decidir por sí mismos quién debía ser o no su presidente y por eso crearon los colegios electorales, a los cuales se les atribuyó al comienzo una franca función deliberativa. Sólo que las alternativas de este tipo plantean un regreso al infinito desde que tampoco se entiende por qué estarían capacitados esos ciudadanos para seleccionar a los miembros de tales colegios.)

Todo esto al margen de que sea exagerado (y propio de la época en que escribía) el peso que le asignaba Schumpeter a la propaganda; o de que al votante difícilmente puedan resultarle tan remotas como él imaginaba decisiones políticas que tengan que ver con la paz y la guerra, con el empleo y el salario, con la seguridad social, con el acceso a la educación, con el aborto, con la discriminación, etcétera.

Pero lo dicho hasta aquí alcanza para comprender por qué en esta visión la democracia no es el gobierno *del pueblo* sino *de los políticos*.[4] A los ciudadanos sólo les toca aplaudir o no, como en Esparta. En cuanto a los dirigentes, necesariamente se profesionalizan, se transforman en especialistas en la cosa pública y en "el trato de los hombres" y –tal como ya advirtiera Weber– además de vivir *para* la política se dedican también a vivir *de* la política. Como en el caso de cualquier otra profesión, quienes la practican desarrollan entonces sus propios intereses, el principal de los cuales consiste en seguir ejerciéndola y en mantenerse en el poder una vez que llegan a él. Lo anterior no sólo puede afectar seria-

---

4 Si hubiese alguna duda acerca de la actualidad que mantiene la visión schumpeteriana, sería suficiente con leer lo que escribe el sociólogo alemán Ralf Dahrendorf medio siglo después: "La ilusión democrática de que existe algo así como el gobierno del pueblo ha sido siempre una constante invitación a usurpadores y nuevos monopolios". Es Schumpeter casi al pie de la letra.

mente la calidad y la transparencia de su liderazgo sino que le plantea un segundo riesgo muy considerable a la continuidad misma del régimen democrático, cuyos dispositivos corren el riesgo de girar cada vez más en el vacío. Y, de nuevo, Schumpeter tiene conciencia de ello.[5]

Los límites del minimalismo

A esta altura, una reflexión de alcances más amplios ayuda a entender por qué las dos familias a las que aludo (la del *gobierno del pueblo* y la del *gobierno de los políticos*) son menos antagónicas de lo que aparentan. Sucede que la realidad social es incurablemente compleja y ambigua y, por eso, sin perjuicio de su utilidad, cualquier esfuerzo por dar cuenta de ella mediante un modelo simple y coherente acaba tocando en algún momento sus propios límites. Doy un ejemplo clásico.

La sociología llamada *objetivista* concibe básicamente al hombre como un producto de la sociedad en la que vive y destaca entonces el estudio de los procesos de socialización, de adaptación y de integración que lo modelan. Su preocupación central es el problema del orden colectivo y, por lo tanto, el análisis de los mecanismos que ajustan y tornan posible la vida en común. En cambio, la sociología *subjetivista* considera a la sociedad ante todo como un producto humano y pone el acento en el examen de la acción social y de los modos en que hombres y mujeres crean los valores y las normas que orientan sus comportamientos. En este caso, el foco está

---

[5]   Algunas de las analogías a las que acude Schumpeter son de una elocuencia innegable: "el Primer Ministro de una democracia –escribe– podría ser comparado a un jinete que está tan completamente absorto en tratar de mantenerse en la silla que no puede hacer ningún plan para su cabalgata, o a un general tan plenamente ocupado en asegurarse que su ejército ha de acatar sus órdenes, que tiene que dejar la estrategia abandonada a sí misma".

puesto en el problema del control que ejerce el agente sobre el medio en el que le toca vivir y en su potencial consiguiente para desarrollar proyectos autónomos.

Pero ni una ni otra perspectiva puede aspirar a una explicación monista y totalizante, y sus exponentes más lúcidos siempre lo han sabido. Es así que un objetivista como Durkheim apela finalmente al subjetivismo de los momentos innovadores de intenso "entusiasmo colectivo" para entender cómo se desrutiniza y transforma el orden establecido; y, a su vez, un subjetivista como Weber aborda agudamente el tema de la burocratización y termina estudiando la manera en que el moderno hombre de las organizaciones acaba por quedar atrapado en una "jaula de hierro". En última instancia, pues, cada uno de estos modos de abordar lo social concluye recurriendo al otro.

Retomo nuestro camino. Como ya dije, la visión *gobierno del pueblo* tiene a la asamblea popular como su manifestación más distintiva y también como su límite: si ya resultaba difícil que la gente concurriese regularmente al ágora ateniense, sería ilusorio pretender que una asamblea más o menos permanente se convirtiese en la institución política clave de sociedades tan numerosas, complejas y diferenciadas como las actuales y, mucho más, que todos quieran y puedan tener una participación activa en ella. O sea que, en los hechos, la asamblea –en cualquiera de sus formas– deberá convivir necesariamente con diversos mecanismos de representación; y lo mismo ocurre con el referéndum, con el mandato delegativo y con las demás modalidades de expresión directa de la voluntad de los ciudadanos. Por más a raya que se la quiera mantener, la visión *gobierno de los políticos* se cuela por los intersticios.

Es claro que a esta última visión le sucede algo muy parecido si es que no desea perder todo semblante democrático. Por eso subrayé antes la conciencia que tuvo Schumpeter del riesgo que enfrentan todos los modelos elitistas como el suyo. Por eso también,

su definición de la democracia como procedimiento resulta indisociable de la manera en que trató de lidiar con el problema, esto es,
estipulando con cuidado las "condiciones para el éxito del método
democrático". Y ésta es la puerta que le da paso a una serie de cuestiones que son más propias de la otra perspectiva, al mismo tiempo que pone en evidencia por qué es inviable una conceptualización
meramente procedimentalista de la democracia.

Para decirlo en los términos que he venido usando, una conceptualización así aparentaba haber aislado una propiedad común
a todos los regímenes democráticos (el método), alejándose de esta forma de la apelación siempre complicada y discutible a los parecidos de familia. Si esto fuera verdad, alcanzaría la presencia del
método para llamar democrático a un régimen. Se explica que la
fórmula de Schumpeter cosechara adeptos rápidamente. Excepto
que, como enseguida veremos, él fue el primero en no creer, y por
muy buenos motivos, que las cosas resultasen tan simples.

Puesto de otra manera, la suya es una definición de las que suelen denominarse *condicionales* porque proveen una especificación
de sentido sólo parcial en la medida en que se halla sujeta, a su vez,
al cumplimiento de determinadas condiciones. Y la índole de las
condiciones que le fija Schumpeter a su procedimentalismo le dan
a éste la textura relativamente abierta que es típica de los parecidos de familia.

Pero antes de seguir adelante, desearía destacar una circunstan-
cia bastante notable, a la que le atribuyo una parte de la responsabilidad por esa pobreza del debate democrático latinoamericano que
mencioné en páginas anteriores.

Explícita o implícitamente, las denominadas transiciones a la
democracia que ocurrieron en nuestros países en las dos últimas décadas han estado muy influidas por la conceptualización que hizo
Schumpeter de la democracia como método. Su sencillez y su realismo parecían resolver cualquier duda tanto en el plano teórico
como en el plano práctico, especialmente para aquellos que pro-

curaban distanciarse lo más posible de anteriores fervores revolucionarios.[6] Nada de ilusiones rousseaunianas pasadas de moda. La competencia entre dirigentes y las elecciones periódicas son y deben ser los ejes del sistema y todo lo que importa es que, a través del voto, el pueblo autorice cada tantos años a quienes se encargarán de decidir por él. Si las cosas no salen a su gusto, la gente ya tendrá ocasión de desquitarse en los siguientes comicios. Contra lo que imaginaron varias generaciones de hombres de corazón tierno (*pace* Hegel), esto y no otra cosa es la democracia. Por eso ahora casi todos somos democráticos.[7]

Fue una típica maniobra extractiva: se sacó de Schumpeter la definición pero no se dijo nada, o casi nada, acerca de las exigentes condiciones a las cuales éste la había sujetado. Y eso que lo plantea sin vueltas: "La democracia prospera en sistemas sociales que muestran ciertas características; y muy bien podría dudarse si tiene o no sentido el preguntarse cómo le iría en otros sistemas que no tienen esas características o cómo le iría con ella a la gente en esos otros sistemas". E insiste: "si un físico observa que el mismo mecanismo funciona de un modo diferente en épocas distintas y en lugares distintos, concluye que su funcionamiento depende de condiciones extrañas al mismo. Nosotros no podemos sino llegar a la misma conclusión por lo que se refiere al sistema democrático".

---

6   Escribe, por ejemplo, el sociólogo chileno Ángel Flisfisch refiriéndose a la definición schumpeteriana: "Es una conceptualización que captura adecuadamente tanto el sentido como la modalidad efectiva de operación de un orden político democrático". Desde luego, las citas podrían multiplicarse.

7   Nótese que otra gran ventaja aparente de la definición procedimentalista ha sido y es lo que Guillermo O'Donnell llama su *minimalismo*, que facilita las comparaciones cuantitativas referidas a un número amplio de casos. En principio, resultaría suficiente basar la comparación en variables que se suponen tan objetivas, unívocas y homogéneas como la existencia de elecciones periódicas o de partidos políticos. Sin embargo, los numerosos casos de clasificación dudosa que siempre aparecen dan testimonio de que, aun así y en este nivel, con aquella definición no basta.

La sorpresa ante esa omisión aumenta cuando se comprueba que el autor se ocupa incluso de diferenciar entre "las sociedades en que es posible que funcione" el método democrático y aquellas donde, además, puede llegar a operar con éxito.

Las condiciones de una definición

En primer lugar, para Schumpeter es posible que el método funcione en "los países de gran industria de tipo moderno" y, por lo tanto, su argumento se refiere únicamente a ellos. No se trata de una restricción menor: está aludiendo a las "modernas sociedades capitalistas" y, más precisamente, a las naciones occidentales desarrolladas o, como también dice, a las sociedades capitalistas "en su estado de madurez". Acerca de ellas había afirmado antes que "nunca hubo tanta libertad personal –espiritual y corporal– *para todos*; nunca hubo tan buen ánimo para tolerar e incluso para financiar a los enemigos mortales de la clase dominante; nunca hubo una simpatía tan efectiva por los sufrimientos reales y fingidos; nunca tan buena disposición para aceptar cargas sociales".

En rigor, Schumpeter anticipa así una de las premisas centrales de las teorías de la modernización de los años cincuenta y sesenta: un país debe comenzar por crecer económicamente y por transformar sus pautas de organización social para recién después encarar la tarea del desarrollo político, esto es, la implantación de una democracia representativa. Ni él ni quienes lo siguieron imaginaron que fuera factible invertir la secuencia, postulando que el método democrático pudiese preceder a la modernización.[8]

---

[8]   Escribía hace tres décadas un politólogo norteamericano: "la experiencia de las naciones que se hallan en proceso de modernización indica que la democracia, tal como nosotros la entendemos, no es apropiada para su estadio de desarrollo" (Apter, 1965: 452). Contrariamente, afirmaba en 1990 el sociólogo brasileño Francisco Weffort: "no creo que se pueda negar que la democracia es el único camino que puede llevar a los paí-

Desde luego, se puede estar de acuerdo o no con una proposición de esta índole. Pero lo que no resulta lícito es pasarla por alto sin siquiera discutirla cuando se adopta la definición procedimentalista porque, insisto, ésta no fue pensada por Schumpeter para cualquier sociedad sino para sociedades desarrolladas, donde "la legislación social o, de una manera más general, las reformas institucionales a favor de las masas, no han sido simplemente una carga impuesta por la fuerza a la sociedad capitalista por la necesidad ineludible de aligerar la miseria siempre creciente de los pobres sino que, además de elevar el nivel de las masas en virtud de sus efectos automáticos, el proceso capitalista ha proporcionado también los medios materiales y la voluntad para dicha legislación".

Más todavía cuando, imprescindible como es, esta base de desarrollo económico y social torna en principio viable el método democrático pero no alcanza para asegurar su éxito. Algunos de los motivos ya fueron insinuados antes y tienen que ver con los atributos que deben reunir tanto los dirigentes como los dirigidos. Repasemos brevemente las cuatro condiciones para el éxito que fija Schumpeter.

La primera hace a los peligros que lleva implícitos la profesionalización de la política. ¿Cómo evitar la corrupción de los dirigentes, su encierro corporativo, su manipulación de los recursos de poder para lograr perpetuarse en él? ¿De qué manera atraer a los más capaces e impedir que el talento y el carácter de los políticos caigan "por debajo del nivel medio", como habría sucedido en la República de Weimar? La respuesta de Schumpeter es muy poco satisfactoria y finalmente circular: "el material humano de la política debe ser de una calidad suficientemente elevada" y, para lograrlo, la "única garantía efectiva" es que se consolide un "estrato social" dedicado por entero a ella. Na-

---

ses latinoamericanos a la modernidad". Y esto luego de sostener que en América Latina se ha estancado la modernización "en los planos social y económico"; se sufre un preocupante "bloqueo de perspectivas" y una "anomia generalizada"; se marcha hacia "la desintegración social"; y se han difundido en la población sentimientos de "pérdida de futuro" y de "pérdida de lugar en el mundo".

da dice, por ejemplo, acerca del riesgo de que este estrato se corrompa ni del papel que deben jugar la normatividad jurídica y su institucionalización en un Estado constitucional firmemente arraigado. Pero me importa menos discutir ahora esa seudosolución que subrayar todo lo que desde ya implica: a saber, que ni la mera competencia entre los dirigentes ni los votos que éstos reciben son un aval suficiente de su idoneidad o de su conducta democrática.[9]

Una segunda condición atañe a la conveniencia de excluir del campo de las decisiones políticas a una cantidad de asuntos que es mejor poner en manos de especialistas, lo cual incluye a la administración de justicia, al manejo de las finanzas, etc. En otras palabras, no sería necesario ni útil que todas las funciones del Estado se rigiesen por el método democrático. Sólo que también el peligro anterior planea sobre este principio porque "el poder del político para designar el personal de los organismos públicos no políticos, si lo emplea de una manera descarada a favor de sus parciales, bastará a menudo por sí mismo para corromperlo".

En tercer lugar, a un gobierno democrático le es indispensable contar con "los servicios de una burocracia bien capacitada que goce de buena reputación y se apoye en una sólida tradición, dotada de un fuerte sentido del deber y de un *esprit de corps* no menos fuerte". Pero una maquinaria así "no puede crearse apresuradamente" y, otra vez, "la cuestión del material humano disponible es de importancia decisiva".

Según se ve, hasta aquí las condiciones giran en torno a las características de los dirigentes e instalan una cuestión previa que el método democrático no puede resolver por sí mismo, a pesar de que enfrenta así una amenaza constante para su buen funcionamiento

---

[9] Las diversas cualidades que exige la vocación política fueron una preocupación central de Max Weber, cuya influencia sobre Schumpeter es notoria. Para Weber, se trata de una profesión que demanda una combinación bastante inusual de atributos intelectuales y emocionales. Entre otras cosas, el político debe asumir una plena responsabilidad personal por la causa que abraza, poseer buen juicio, ser tan sensato como estoico, estar dotado de grandes dosis de energía y d resistencia y saber que su trabajo requiere "ira y estudio".

e incluso para su continuidad. Nos hallamos en la frontera con la visión *gobierno del pueblo*, cuya desconfianza hacia las mediaciones susceptibles de oscurecer la expresión de la voluntad autónoma de los ciudadanos la llevó históricamente a idear, con mayor o menor eficacia, diferentes mecanismos de control de los delegados o representantes y diversos sistemas de pesos y contrapesos. Más aún que en esta perspectiva han ocupado siempre un lugar de privilegio los temas de la educación cívica y de las prácticas democráticas y es precisamente a ellos que se vincula la cuarta condición de Schumpeter.

Concierne, en efecto, a la "autodisciplina democrática"; y ésta supone un respeto absoluto por la ley y un alto grado de tolerancia hacia las diferencias de opinión por parte de la ciudadanía. Pero, sobre todo, "los electorados y los parlamentos tienen que tener un nivel intelectual y moral lo bastante elevado como para estar a salvo de los ofrecimientos de los fulleros y farsantes o de otros hombres que, sin ser ni una cosa ni otra, se conducirán de la misma manera que ambos".

Éste es un párrafo decisivo y merece una relectura. Por un lado, vuelve a poner de manifiesto que, por sí solo, el método que Schumpeter llama democrático no inmuniza en absoluto contra farsantes y fulleros ni es necesariamente apto para proteger el ejercicio mismo de la democracia. Por el otro –y el tema reaparecerá varias veces en este libro– el éxito de ese método termina dependiendo, en consecuencia, del *elevado nivel intelectual y moral* de la ciudadanía.

El punto es tan importante que Schumpeter llega al extremo de proclamar que la autodisciplina democrática exige "un carácter nacional y unos hábitos nacionales de un cierto tipo que no en todas partes han tenido oportunidad de desarrollarse, sin que pueda confiarse en que los cree el mismo método democrático". Si se la toma literalmente, una afirmación de este tipo o es nuevamente circular o se presta a interpretaciones etnocéntricas tan irritantes como insostenibles. Pero más allá de la poca felicidad de la fórmula, indica de nuevo hasta dónde, para Schumpeter, una democracia procedimentalista sólo puede operar válidamente como tal allí donde

–por las razones que fuese– la ciudadanía cuenta con los recursos materiales, intelectuales y morales adecuados. De ahí que restrinja su análisis a los países desarrollados; y de ahí también la imprudencia de quienes han querido apropiarse del método olvidándose de las condiciones, sin darse cuenta de que su pretendida sencillez resulta apenas aparente.

Es así, por ejemplo, que tiene razón Castoriadis cuando escribe con fuerte tono crítico que una democracia procedimentalista constituye un fraude "salvo que uno intervenga profundamente en la organización sustantiva de la vida social". Pero Schumpeter (pese a sus convicciones monárquicas, a su limitada simpatía por la democracia y a su desdén por los "subnormales" que, según él, son siempre la parte más numerosa del pueblo) no únicamente lo sabía sino que lo dijo antes. Después, el mismo Castoriadis se pregunta qué sucedería si a un país "la democracia le cayese del cielo" (se supone que sigue hablando de la democracia como método); y responde que no duraría más que unos pocos años salvo que engendrase individuos que se correspondieran con ella y que fuesen capaces de hacerla funcionar y de reproducirla. Si uno se atiene a *Capitalismo, socialismo y democracia*, Schumpeter hubiera sido todavía más escéptico que él en cuanto a la aptitud del propio método para generar tales individuos.

En resumen, lo cierto es que buena parte de la popularidad de la que goza Schumpeter entre los analistas de la política en América Latina (y no sólo aquí) está basada en un malentendido. Más agudo y menos complaciente que muchos de sus seguidores, el economista austríaco no creía en el *gobierno del pueblo* pero estaba convencido de que, en ausencia de una serie de requisitos muy precisos, el *gobierno de los políticos* desembocaría, más tarde o más temprano, en un mero simulacro de régimen democrático. Y ello a pesar de que hubiese partidos políticos o elecciones periódicas. Ya había dicho Jefferson que de nada vale que a los déspotas "los hayamos elegido nosotros mismos: un despotismo electivo no es el gobierno por el cual hemos luchado".

V. Las teorías pluralistas

ES HABITUAL (y correcto) presentar a Schumpeter como el antecedente inmediato de la denominada concepción "pluralista" de la democracia, que dominó la literatura anglosajona de las décadas del cincuenta y del sesenta e hizo sentir también su influencia en América Latina. Me referiré muy sucintamente a ella porque es otra la derivación que quiero hacer de lo expuesto recién y esta misma referencia me servirá para justificarla.

Los pluralistas dieron por buena la definición procedimentalista de la democracia pero cambiaron algunos de sus supuestos, tratando de alejarse así de una estricta visión *gobierno de los políticos*. Su fundada y principal crítica a Schumpeter fue que, al operar con un modelo dicotómico compuesto sólo por los ciudadanos y los políticos, pasó por alto el hecho nada trivial de que tales ciudadanos participan de una multitud de asociaciones (sindicatos, organizaciones empresarias, grupos de presión, comunidades religiosas y vecinales, etc.), las cuales se encargan de articular y de agregar sus demandas para después promoverlas e impulsarlas ante las autoridades.

La consecuencia de esto, según los pluralistas, es que el poder se halla disperso en la sociedad y que siempre existe una multiplicidad tanto de puntos de acceso a la cosa pública como de procesos de decisión. Para esta perspectiva, entonces, el Estado actuaría sobre todo como un árbitro que decide entre las diversas demandas que recibe, según la calidad de tales demandas y conforme a la importancia de los apoyos que ellas sean capaces de movilizar. Por eso, no resultaría de ninguna manera inevitable esa concentración de poder en manos de los dirigentes políticos que había descripto Schumpeter y que tanto lo preocupaba.[10]

Como escribía en 1956 Robert Dahl, uno de los más lúcidos teóricos del pluralismo, mientras que una dictadura es el gobierno de *una* minoría, una democracia es el gobierno de una *cantidad* de minorías, que varían en número, tamaño y diversidad.[11] Por eso, "la teoría democrática se ocupa de los procesos mediante los cuales los ciudadanos comunes ejercen un grado de control relativamente alto sobre los líderes"; y los instrumentos fundamentales de este control son, por un lado, las elecciones periódicas y, por el otro, la competencia entre los partidos, los grupos y los individuos.

Pero lo que me interesa subrayar aquí es que, en ése y otros escritos, también Dahl (al igual que Schumpeter antes y que muchos otros pluralistas después) se empeña en establecer "los requisitos sociales de la democracia", o sea, nuevamente, las condiciones que la tornan posible y viable. Y sostiene que el más importante de todos ellos es la abundancia material, a la que vincula directamente con los procesos de industrialización y de urbanización que tuvieron lugar en los países capitalistas avanzados.

[10]   Aunque no puedo detenerme aquí en este punto, vale la pena señalar que la perspectiva pluralista se fue modificando con el tiempo a partir de un doble reconocimiento: el de la creciente autonomía relativa de los aparatos estatales y el de las grandes asimetrías de poder que diferencian a los grupos que los presionan. En las últimas décadas, dan un buen testimonio de estos cambios las corrientes que se conocen como "neopluralista" y "neocorporatista". Por lo demás, es oportuno decir que en los Estados Unidos el pluralismo ha sido bastante más que una teoría política: constituye una filosofía pública de la cual participan tanto Republicanos como Demócratas, aunque sean distintos los grupos de intereses con los que se identifiquen.

[11]   En rigor, Dahl prefiere reservar el término *democracia* para un sistema político ideal (y quizás inalcanzable) donde exista una perfecta o casi perfecta igualdad de poder, y hablar en cambio de *poliarquía*, es decir, del gobierno de muchos pero no de todos, cuando se trata de referirse a regímenes concretos. Ilustra, de este modo, esa diferencia a la que me referí en páginas anteriores, entre la *idea* de la democracia y sus *manifestaciones históricas concretas*.

De esa abundancia depende no sólo que "la miseria y el conflicto social se reduzcan a proporciones manejables" sino que la ciudadanía pueda gozar de altos niveles de educación y de información,
así como también del tiempo libre necesario para la participación
política. Añade a esto que, aun cuando la distribución del ingreso
no sea igualitaria, un orden democrático es irrealizable allí donde
los recursos políticos no resultan relativamente iguales para todos.
Más todavía, debe haber un extendido consenso en la sociedad acerca de los valores que gobiernan el sistema, entendiendo tal consenso no como mera aquiescencia sino en el sentido profundo de una
verdadera cultura política.

Años después, Dahl iba a atemperar el pluralismo demasiado simple de sus planteos iniciales con dos reconocimientos muy significativos para nuestro asunto: uno, que en los países capitalistas las
grandes organizaciones –en especial, las económicas– han alcanzado un poder desmedido, generando asimetrías peligrosas que distor-
sionan las reglas del juego; y otro, que sin una democratización previa
de los lugares de trabajo, la igualdad política termina siendo un mi-
to. En el fondo, dirá claramente Dahl, todos los requisitos de la democracia se condensan en la exigencia de *un principio fuerte de
igualdad*.

Según se ve, también estos tratamientos de la democracia acaban
remitiéndonos directamente al tema de su factibilidad en contextos determinados. Es más: luego de tomar como punto de partida la
visión *gobierno de los políticos*, los pluralistas matizaron el aparente
realismo de Schumpeter al agregarle a su análisis la consideración,
tanto de una variedad de formas de acción posibles en el espacio
público como de las asimetrías de poder. Y, sobre todo, hicieron un
particular hincapié en la cuestión de la igualdad, allí donde el economista austríaco sostenía que no había hallado "en la esfera del
análisis empírico" ninguna "justificación racional" para exaltarla.

De ahí que mi intención no sea tanto conectar lo que llevamos
dicho con una discusión acerca de la estructura del poder –como

hace el pluralismo– sino relacionarlo con ciertos aspectos de la problemática de las condiciones, que juzgo críticos para saber cuándo y cómo es posible o no hablar de parecidos de familia.

VI. La *Declaración* de 1948

SIN DUDA, Rousseau fue el gran paladín de la idea del *gobierno del pueblo* –y ello al margen de su radical escepticismo acerca de las probabilidades de que efectivamente pudiese llevarse alguna vez a la práctica–. Como señalaba en un pasaje del *Contrato social* que se hizo justamente famoso, las leyes son siempre buenas para los ricos y malas para los pobres "de lo cual se sigue que el Estado social será ventajoso para los hombres sólo cuando todos posean algo y ninguno tenga demasiado".

A diferencia de lo que suele creerse, ello no lo conducía a abogar por una igualdad económica absoluta sino a sostener que la participación democrática exige que "ningún ciudadano sea suficientemente rico como para comprar a otro y ninguno tan pobre como para verse forzado a venderse". Fórmula que condensa eficazmente un tema de gran importancia que quiero resaltar: desde el punto de vista de esa participación, lo que es relevante no es tanto la desigualdad en sí sino, por un lado, el grado de polarización entre los que tienen demasiado y los que no tienen casi nada y, por el otro, la intensidad misma del estado de privación que sufren estos últimos. Hay aquí un problema de niveles máximos y mínimos, de ni tanto ni tan poco, sobre el que insistiré más adelante. En el caso de Rousseau, la sociedad ideal en la que pensaba resolvía el problema porque era una sociedad de pequeños propietarios rurales, razonablemente homogéneos e independientes.

A pesar de que su influencia sobre los revolucionarios norteamericanos haya sido casi nula (entre los europeos preferían largamente a Montesquieu y a Locke), en este punto el paralelismo entre sus ideas y las de Jefferson es total. También para el autor de la *Declaración de la Independencia* de los Estados Unidos una democracia genuinamente participativa requería individuos moralmente autónomos, lo cual resulta imposible en ausencia de una adecuada seguridad material. De nuevo, sus ciudadanos ideales eran los *farmers* y, en mucha menor medida, los artesanos y los pequeños comerciantes. Más todavía: ni uno ni otro pensaban que tal autonomía fuese un emergente automático de la situación económica sino que debía ser constituida y elaborada a través de la práctica y la organización. Por eso los dos ponían tanto énfasis en la importancia de las asambleas populares.

¿Hace falta añadir que, en ambos casos, el horizonte de la reflexión era un mundo fundamentalmente agrario y todavía no transformado por la Revolución Industrial? Desde luego, ese mundo iba a modificarse de una manera muy profunda en los siglos siguientes, durante los cuales el capitalismo, el cambio técnico y la urbanización fueron tres de las grandes fuerzas que se combinaron para deshacer los soportes materiales de aquellos análisis. En los países industrializados, aumentó en forma espectacular la producción de riqueza a la vez que iban desapareciendo los viejos modos de vida y se intensificaban tanto la desigualdad social como la inseguridad económica de los trabajadores.

Por eso, ya desde mediados del siglo XIX, al comenzar a ampliarse la participación política, se instaló con fuerza en Occidente el debate en torno al problema de las condiciones de la democracia. ¿Eran conciliables los nuevos escenarios con las prácticas democráticas? ¿Llegarían a compatibilizarse alguna vez el sufragio, las libertades individuales y la justicia distributiva? Un régimen político de gobierno como el democrático, que se sustenta en la ficción básica de la igualdad de todos los ciudadanos, ¿podía operar armónicamente con un régimen social de acumulación como el capitalista, que por su propia naturaleza es un generador constante de desigualdades?

Para la izquierda revolucionaria la respuesta general a estas preguntas era negativa, aunque admitiese ciertas excepciones.[12] Para otras líneas teóricas (que serían diversamente identificadas como liberalismo reformista, humanismo idealista, socialismo ético, social democracia, etc.) esa conciliación aparecía como posible. Así lo planteaba, por ejemplo, John Stuart Mill, uno de los mejores exponentes de esta perspectiva, cuyo liberalismo reformista desembocaría en lo que él mismo denominó "un socialismo con reservas".

El hecho es que iba a transcurrir casi un siglo antes de que se diese en la práctica con un modelo concreto (del que hablaré luego) que aportara los rudimentos para una solución del dilema –décadas que, entre otras cosas, incluyeron crisis y depresiones tan graves como las de 1870 y 1929, la generalización del desempleo masivo, dos guerras mundiales y el ascenso del fascismo y del comunismo–.

Es precisamente de este modelo concreto que se ha nutrido la idea contemporánea de ciudadanía, cuya cuna nada casual fue Europa. Y a su vez, gracias a la implementación de esta idea, resultó posible que la siempre problemática relación entre la desigualdad económica y la igualdad política permaneciese dentro de límites manejables, facilitando la invocación, por lo menos retórica, de la matriz *gobierno del pueblo*, aunque adaptada a las nuevas realidades.

Pero antes de ocuparme más directamente de estas cuestiones, me interesa incluir en el relato un hecho de gran trascendencia que tuvo lugar en esos mismos años cuarenta en los que se publicó el libro de Schumpeter.[13] Hablo de la *Declaración Uni-*

---

[12] En 1872, Marx incluía a Inglaterra, a Estados Unidos y "quizás a Holanda" entre tales excepciones. Es interesante consignar que Lenin vilipendiaba con el nombre de reformismo a toda proclamación universal y abstracta de esa compatibilidad pero tampoco él descartaba la existencia de casos excepcionales.

[13] Si en la década del cuarenta ocurrió la guerra más mortífera que conoció la humanidad, fue también (y no por azar) un período de gran fermento intelectual y merecería que alguien lo estudiase en toda su riqueza y complejidad. En 1944, por ejemplo, Friedrich von Hayek publicaba *Camino de servidumbre*, que Max Eastman serializaría en versión abreviada en *Selecciones del Reader's Digest* y se transformaría desde entonces en la

versal de los Derechos Humanos aprobada por las Naciones Unidas en 1948.[14]

Este documento –indisociable del trauma provocado por una guerra en la que murieron 50 millones de personas, más de la mitad de las cuales eran civiles– fijó tres grandes categorías de derechos individuales, que le corresponden a toda persona por igual, sin discriminaciones de ningún tipo y sin que Estado, grupo o individuo alguno puedan considerarse autorizados para vulnerarlos o suprimirlos.

Las dos primeras categorías son las de los derechos *civiles* y *políticos* y actualizan las principales demandas por las cuales lucharon en los siglos XVII y XVIII los revolucionarios de Inglaterra, de los Estados Unidos y de Francia. En un caso, se trata de libertades individuales (de palabra, de expresión, de pensamiento, de asociación, de reunión, etc.) que se afirman frente a cualquier pretensión del Estado de infringirlas; en el otro, de la facultad de participar en el gobierno de la cosa pública, eligiendo y pudiendo ser elegido.

La categoría más novedosa (y controvertida) es la tercera, la de los derechos *económicos, sociales y culturales*, que si bien ya había sido tematizada por los socialistas en el siglo XIX, recién fue incorporada seriamente a la agenda pública en el clima solidario y bastante menos individualista que predominó en muchos lugares durante los años de la Segunda Guerra Mundial.

––––––

biblia del neoliberalismo. Tres años más tarde aparecía *La gran transformación*, de Karl Polanyi, con su crítica demoledora a esa "pura utopía" de un mercado competitivo autorregulado, heredada del siglo XIX.

[14] Desde un punto de vista jurídico, esta Declaración fue solamente una resolución de la Asamblea General de las Naciones Unidas y, por lo tanto, careció de los efectos obligatorios que tiene un tratado internacional para quienes lo firman y ratifican. De ahí que el proceso inaugurado por la Declaración recién se completaría en 1966, cuando quedaron abiertos a la ratificación o a la adhesión de los estados miembros dos nuevos instrumentos: el *Pacto Internacional de Derechos Económicos, Sociales y Culturales* y el *Pacto Internacional de Derechos Civiles y Políticos*.

Estos nuevos derechos incluyen los de trabajar; recibir igual salario por igual trabajo; gozar de protección contra los efectos de la enfermedad, la vejez, la muerte, la incapacidad y el desempleo involuntario; percibir un ingreso que asegure una existencia conforme a la dignidad humana; disfrutar de un nivel de vida adecuado, que garantice la salud y el bienestar; disponer de descanso y de tiempo libre; y tener un amplio acceso a la educación y a la vida cultural de la comunidad.

Según se advierte, nos hallamos aquí ante derechos de un tipo especial y distinto a los anteriores: no protegen al individuo de intromisiones estatales ni se limitan a habilitarlo para intervenir en política sino que se trata ahora de derechos que el propio Estado tiene la responsabilidad y la obligación de llevar a la práctica, dictando las leyes y proveyendo los recursos necesarios para ello.

VII. Capitalismo y democracia: primera aproximación

SE IMPONE que haga otra corta pausa teórica, presidida por una constatación: al igual que la democracia, también el capitalismo es un concepto con estructura de parecido de familia. Desde este punto de vista, y salvo que se opere a un altísimo nivel de abstracción, no hay un "capitalismo" sino muchos "capitalismos".

Para glosar un texto todavía actual que escribieron en 1903 Durkheim y Fauçonnet, empecemos por decir que los individuos tratan de enriquecerse en el interior de colectividades que son bastante distintas entre sí; y que tanto la naturaleza como el éxito de sus esfuerzos dependen de las particularidades de la colectividad donde se llevan a cabo.

Pongámoslo ahora en términos un poco más precisos. Cuando esos individuos no buscan la riqueza como un fin en sí mismo sino para usarla como un medio que les permita obtener más riqueza, los llamamos capitalistas. Técnicamente, tener guardados dinero u otros bienes no es tener capital, aunque el lenguaje de todos los días prefiera nombrarlo así. Porque el capital no es un objeto material sino un proceso; y deja de serlo cuando este proceso no ocurre.

En su expresión paradigmática, el proceso del que hablo consiste en la continua transformación del dinero en mercancías que, a su vez, se convierten luego en más dinero. Éste es el secreto de la denominada acumulación capitalista, o sea, de la constante metamorfosis del dinero-inversión en dinero-ganancia. Lo cual significa que cada vez que hablamos del capital estamos aludiendo implícitamente también a las redes de relaciones y de actividades sociales que dejan que esa metamorfosis se produzca al mismo tiempo que la condicionan. Y son éstas las redes que se tejen y destejen "en el interior de colectividades que son bastante distintas entre sí".

No únicamente eso. Contra lo que suponían Adam Smith y el propio Marx, tales redes –que involucran a los distintos agentes económicos– nunca componen de modo espontáneo un sistema autosostenido. Esto torna indispensable la acción del Estado en diversos niveles para organizar los mercados, la administración de justicia, la seguridad, el cumplimiento de los contratos, el régimen de moneda y de crédito, la oferta de mano de obra, las relaciones entre trabajadores y empresarios, los servicios de infraestructura, el comercio exterior, las finanzas, las pautas de crecimiento urbano. Y aquellas redes y esta acción son el resultado de negociaciones y de luchas pasadas y presentes y requieren múltiples justificaciones políticas, ideológicas e inclusive éticas, conforme a las tradiciones de la "colectividad" de que se trate, a sus marcos institucionales y a los conflictos concretos que se susciten.

Por lo tanto, son diferentes las colectividades y también las modalidades que en ellas asumen los procesos de acumulación capitalista, con lo cual la forma concreta que toma el capitalismo en cada lugar es finalmente el resultado de "un sistema de valores y costumbres heredado de tiempos inmemoriales", para usar palabras del antropólogo francés Emmanuel Todd. De ahí que tampoco haya habido "una" revolución burguesa sino varias; y que los regímenes capitalistas puedan parecerse entre sí pero nunca sean iguales.

Sucede algo similar con las clases sociales, sus estructuras, sus orientaciones y sus enfrentamientos: son siempre el resultado de historias particulares, que según los momentos les dan un protagonismo mayor a ciertos actores y a ciertas prácticas y establecen condiciones de producción y de recepción más favorables para algunos discursos que para otros. Sólo quienes imaginan que hay "un" capitalismo pueden suponer que hay igualmente "un" sistema de clases y "una" pauta típica de conducta esperable de cada una de las clases sociales, como si fuera posible conocer de antemano la conciencia o los comportamientos que deben serles atribuidos a los grandes empresarios, a los pequeños comerciantes o a los trabajadores del campo y la ciudad.

¿Cómo se vincula todo esto con el tema de la democracia? Recordemos ante todo que marxistas y no marxistas siempre han coincidido en admitir que, históricamente, el capitalismo y la democracia han marchado juntos, ya sea en términos armoniosos o conflictivos. Consenso que se extendió a aceptar que las relaciones de mercado constituyen la base material de la democracia liberal o representativa. Por cierto, la valoración ha sido muy distinta: para unos, este tipo de democracia aparece como la máscara más eficaz de la explotación y se vuelve así "la forma lógica de gobierno burgués" (Engels); para otros, en cambio, se trata del régimen político que mejor corporiza los ideales de la libertad.

El hecho es que, en los tiempos modernos, no hubo regímenes políticos democráticos antes del establecimiento del capitalismo; y que hoy existen democracias consolidadas en todos los países capitalistas avanzados. Dicho de otra manera, puede haber capitalismo sin democracia pero, hasta ahora, no ha habido democracia sin capitalismo, lo cual, a primera vista, no deja de ser bastante curioso.

¿Por qué? Porque el capitalismo y la democracia no son, por definición, sistemas necesariamente complementarios: el primero se sustenta en el derecho de propiedad y parte de una situación de desigualdad para reproducirla a escala ampliada; la segunda, en cambio, da prioridad a los derechos de ciudadanía para todos y reconoce a la libertad y a la igualdad como sus dos piedras angulares. Por eso, la dominación capitalista afronta una tensión inevitable cuando debe articularse con un régimen político democrático; y no logra hacerlo si no se establece un *compromiso*.

Cierro entonces la pausa señalando que, por el momento, este compromiso sólo ha echado raíces más o menos sólidas en ciertos contextos capitalistas particulares. O sea que, cuando se tratan las relaciones entre capitalismo y democracia, resulta siempre indispensable especificar de qué formas concretas de capitalismo y de democracia se está hablando.

VIII. La alquimia keynesiana

PUES BIEN: en la posguerra, en los países capitalistas que luego serían conocidos como centrales o avanzados (y que hoy actúan como objetos de referencia de los parecidos de familia de la democracia), se les pudo dar una carnadura más o menos razonable (aunque desigual) a los principios de la *Declaración* de 1948, que en el resto del mundo o fueron implementados muy parcialmente o sólo quedaron en buenos deseos.

En esto, los años sombríos de la Gran Depresión y del período de entreguerras tuvieron allí un peso indudable. Si al finalizar la Primera Guerra Mundial eran muchos los que soñaban con volver al mundo anterior a 1914, cuando concluyó la Segunda, a nadie se le ocurría (ni entre los victoriosos ni entre los derrotados) regresar a la dolorosa década del treinta.

Es así, por ejemplo, que ya en noviembre de 1940, en medio de bombardeos que tan sólo en ese mes mataron a más de 4.500 ingleses, un primer ministro conservador como Winston Churchill le encomendaba en Londres a William Beveridge, un liberal progresista, que analizase las mejores maneras de luchar en el futuro contra los efectos sociales de la crisis económica de la década anterior y de la guerra entonces en curso.[15]

El Informe Beveridge se publicó en 1942 y ya desde el prólogo el autor advertía que el Estado debía preocuparse por el bienestar

---

[15] Un año después, Churchill y el presidente norteamericano F. D. Roosevelt firmaban la llamada "Carta del Atlántico", que fijaba como uno de los principales objetivos de los Aliados liberar a los pueblos de la pobreza. El tema reaparecería explícitamente después en la Carta de las Naciones Unidas.

del conjunto de los ciudadanos no porque los ricos tuvieran que ser generosos con los pobres sino porque ése era el único modo en el cual la sociedad podía protegerse de sí misma.

Nos hallamos en los inicios de lo que en Europa se llamaría después el "Estado de Bienestar", que iba a alcanzar su plenitud en la década del setenta.[16] Para entonces, los países de la Organización para la Cooperación y el Desarrollo Económico (OCDE) destinaban, en promedio, la mitad o más del presupuesto público a gastos sociales y en varios de ellos parecía haberse consumado una feliz unión entre el liberalismo económico y la socialdemocracia –o, como solía decir T. H. Marshall, alumbraba "un tipo de capitalismo ablandado por una inyección de socialismo"–.

Junto con la dramática experiencia de la guerra, contribuyeron a esto elementos diversos, que sirvieron para apuntalar el clima cultural de la nueva época. Así, en esas naciones el factor demográfico resultó muy favorable; la inflación se mantuvo extremadamente baja; la gente se había acostumbrado a pagar impuestos altos durante el conflicto bélico, etc. Pero, sin duda, los dos grandes pilares del Estado de Bienestar en formación fueron el *fordismo* y el *keynesianismo*.

El primero, sinónimo de mecanización, producción industrial en masa, y taylorismo, creó las condiciones necesarias para que los continuos aumentos de productividad pudiesen ser acompañados por mejoras sostenidas en los salarios. A su vez, tales mejoras fueron uno de los efectos principales de ese notable milagro keynesiano en virtud del cual los intereses particulares de los trabajadores se transmutaron en intereses generales de la sociedad sin que ésta dejara de ser capitalista. De ahí que el pleno empleo (sostén de una

16 El propio nombre que se le dio –y que se popularizó en los años sesenta– evocaba, por contraste, las trágicas circunstancias de su origen inmediato: se buscó oponer *welfare* a *warfare*, de modo de subrayar que el mismo Estado que antes había asumido la principal responsabilidad por la guerra (*warfare*), ahora tomaba a su cargo el bienestar (*welfare*) del país, esto es, el desarrollo económico y la integración social.

alta demanda efectiva) se convirtiese en la preocupación dominante de la política económica, como no lo había sido antes ni lo sería después; y que, de resultas de ello, en los años sesenta la tasa media de desocupación de Europa Occidental haya podido oscilar en torno al 1,5.

El efecto de estos procesos fue que, en los países a los que aludo, la liberalización del comercio internacional que se instrumentó en 1944 en Bretton Woods[17] con los tipos de cambio fijos estuvo unida a políticas públicas que, más que amortiguar los desequilibrios que se generaban, se ocuparon de proveer seguridad y servicios sociales al conjunto de la población, financiando el gasto a través de sistemas tributarios que fueron adquiriendo un sesgo claramente redistributivo.

En síntesis, que —sin perjuicio de la persistencia de muy considerables desigualdades económicas, de género o raciales— se generó así un círculo virtuoso de crecimiento económico y de prosperidad social, una verdadera "edad de oro" que duró más de un cuarto de siglo y que permitió que, en buena medida, se llevase a cabo en esos lugares la que Hobsbawm designa como "la revolución más drástica, rápida y profunda en los asuntos humanos de la que se tenga constancia histórica".

No es poco. Y una de las consecuencias mayores de esta transformación fue el surgimiento, por primera vez, de eso que Robert Castel llama la "sociedad salarial", es decir, no simplemente una sociedad capitalista en la cual la mayoría de los trabajadores son asalariados sino una sociedad del pleno empleo, crecientemente homogénea y donde el trabajo asalariado goza del status, de la dignidad y de la protección que le brindan tanto la empresa como el Estado. Se afirmaba, de este modo, un acceso bastante generaliza-

---

[17] En la Conferencia Monetaria y Financiera de la Naciones Unidas celebrada en 1944, en Bretton Woods, y que dio origen al Fondo Monetario Internacional, se acordó eliminar las restricciones cambiarias, estableciendo tasas de cambio fijas, la convertibilidad y un sistema multilateral de pagos internacionales.

do a un nuevo tipo de seguridad, ligada ahora al trabajo y no ya solamente a la propiedad. En otras palabras, aparecía el equivalente contemporáneo de ese *farmer* que habían idealizado Rousseau y Jefferson. Y junto con él, las condiciones para el compromiso político en que pudo cimentarse lo que se designa muy gráficamente como *democracia capitalista*.

IX. Marshall y los ciudadanos

El socialismo B

SEGÚN insinué más arriba, Gran Bretaña tuvo un papel pionero en esos cambios (aunque no sería luego el lugar donde más se avanzaría en ellos). Y fue justamente allí que ocurrió otro de los episodios de la década del cuarenta que deseo incorporar a mi exposición. Me refiero a la serie de conferencias sobre la ciudadanía que dictó Thomas H. Marshall en la Universidad de Cambridge en 1949 y que han servido hasta hoy para definir los principales contornos de este tema.

Marshall era un sociólogo destacado, con una considerable experiencia como académico y como funcionario. Era también un heredero de las tradiciones del socialismo ético inglés, fuertemente orientadas desde el siglo XIX a promover por distintos medios la igualdad social. No es extraño, entonces, que se volviese un convencido defensor y estudioso del Estado de Bienestar, que el gobierno laborista de Clement Attlee había comenzado a construir un par de años antes.[18]

---

[18] Es una evidencia más del nuevo espíritu de época que el Partido Conservador inglés, desalojado del poder en 1945, haya reclamado después para sí (y por buenas razones) una parte del mérito por la instalación del Estado de bienestar. Es el mismo Partido Conservador cuyo candidato, Winston Churchill, había sugerido en un lamentable discurso de la campaña de 1945 que la eventual llegada al poder de los laboristas constituiría el primer paso para el establecimiento de una Gestapo británica. Pese a ello, hasta bien entrados los sesenta los conservadores siguieron pensando que no había mejor alternativa para su país que una economía mixta.

Según argumentaría Marshall algún tiempo después, existen dos tipos de socialismo, a los que llamó simplemente A y B. El "socialismo A" es revolucionario y anticapitalista y tiene poco interés en la política social, a la que concibe básicamente como una estratagema de la clase dominante para mantener bajo control el descontento popular. El "socialismo B", en cambio, combina los principios de política social propios de los liberales más avanzados con una disposición a confiar en la potencialidad y en la eficacia de la acción del Estado. Para este socialismo, que era el suyo, la política social no resulta un mero complemento de la política económica sino que está por encima de ella y tiene por misión corregir "las deficiencias inherentes a la economía de mercado". O sea que allí donde para Schumpeter el socialismo era un horizonte técnico susceptible de maximizar el producto, para Marshall constituía un horizonte moral que impulsaba a reducir las desigualdades.

Las mencionadas conferencias de Cambridge tuvieron dos grandes méritos. Por una parte, dotaron de ciertos anclajes institucionales concretos a los derechos humanos que un año antes habían proclamado las Naciones Unidas, poniendo a la vez de manifiesto que tales derechos sólo son realizables si se dan determinadas condiciones materiales. Por otra parte, establecieron el carácter multidimensional de la noción de ciudadanía, compuesta como mínimo por tres elementos: el *civil*, el *político* y el *social*.

La exploración de Marshall se centró exclusivamente en la evolución histórica de su país, donde ya desde el siglo XVII todos los hombres eran considerados libres. Y fue a esta matriz de libertad que se le fueron agregando con el tiempo sucesivos derechos específicos. En rigor, como sabía nuestro autor, el caso inglés tuvo una evolución particular, muy distinta a la de los países de Europa continental. Así, por ejemplo, mientras que en estos últimos se instaló desde fines de la Edad Media un sistema de representación por "estados" u "órdenes" (la nobleza, las guildas de comerciantes o artesanos, etc.), Inglaterra preservó el antiguo principio de representación territorial, que iba a facilitar después una transición mucho más suave hacia un régimen unificado de liberalismo democrático.

Pero, sobre todo, ya desde los siglos XVI y XVII la ley había emergido allí como una de las áreas centrales de conflicto en la lucha contra el absolutismo monárquico que llevaban adelante los señores de la tierra. Es un punto de singular importancia porque en el siglo siguiente –cuando, según Marshall, se fueron definiendo los contenidos del componente *civil* de la ciudadanía– la aristocracia iba a valerse precisamente de la interpretación de las leyes y de los rituales de la justicia para consolidar su hegemonía.[19]

Nótese que esta última afirmación no contradice la de Marshall. En el siglo XVIII, al erigir a la ley como principal ideología legitimante del orden establecido, los señores optaron por una institución dotada de una lógica especial, que era portadora de reglas particulares de equidad y de universalidad y que, en última instancia, no podía quedar reservada para su uso exclusivo. Si, por una parte, la ley servía para protegerlos del poder arbitrario del rey, por la otra, era susceptible de ser utilizada a la vez por los hombres comunes en su propia defensa, tal como ocurrió. Dicho de otro modo, el hecho de que las relaciones de clase fuesen mediadas por la ley generó efectos específicos y supuso que, al menos en parte, quienes mandaban también tuvieran que subordinarse a ella, so pena de que esa mediación apareciese como un puro engaño.[20]

19 En 1975, el historiador inglés E. P. Thompson publicó sobre este tema una investigación ejemplar (*Whigs and Hunters*), a la cual remito al lector interesado.

20 Cuando a fines del siglo XVIII y comienzos del XIX cambió en Inglaterra el equilibrio de fuerzas y se ingresó a una etapa de gran conflictividad social, los sectores dominantes oscilaron entre apelar a la fuerza o someterse a la ley. Como recuerda Thompson, si bien se dieron varios y sangrientos pasos en la primera dirección, finalmente prevalecieron 150 años de legalidad constitucional a favor de la segunda alternativa, que acabaría liquidando la propia hegemonía aristocrática. El contraste con la historia latinoamericana me exime de otros comentarios acerca de la enorme trascendencia que han tenido estas cuestiones.

De esta manera, gracias a las normas jurídicas y a la acción de los jueces, cobraron una forma cada vez más general las libertades de palabra, de pensamiento y de cultos; y, obviamente, el derecho mismo a acceder a la justicia. En el campo económico, las profundas transformaciones en curso dieron un gran impulso al derecho de propiedad, al derecho a celebrar contratos y al derecho a trabajar. Al mismo tiempo, instituir este último derecho supuso que se derogaran todos los estatutos y las regulaciones que lo restringían y, a la vez, que los tribunales reinterpretasen los diversos hábitos y costumbres locales contrarios a su ejercicio. En otras palabras, nos encontramos en los portales de la modernidad, cuando entra en escena el trabajador libre y se echan las bases de esa igualdad contractual sobre la que el capitalismo levantaría su propia estructura de desigualdad.

Por su parte, este arduo proceso condujo a una escalada de enfrentamientos entre la aristocracia y la burguesía, que pugnaba por hacer también suyas las prerrogativas de votar y competir por cargos públicos. Pero, nuevamente, el potencial universalista de estos reclamos llevó a que rápidamente los trabajadores los tomaran como propios, todo lo cual convertiría al siglo XIX inglés en el período formativo del elemento *político* de la ciudadanía en sentido amplio. Fueron sus símbolos las Actas de 1832 y de 1867, que extendieron limitadamente el derecho al voto masculino y que recién culminarían con el sufragio adulto universal para los varones en 1918 y para las mujeres en 1928.

Es decir que el ciudadano que ya era libre para trabajar, para ganar dinero, para ahorrarlo y para invertirlo, ahora se volvía libre también para participar en la cosa pública, como elector o como elegido. Y si los tribunales de justicia constituían desde el siglo XVIII la institución más directamente asociada con los derechos civiles, el parlamento y los concejos locales serían desde entonces dos de las instituciones más inmediatamente involucradas en Inglaterra con los derechos políticos.

Llegamos, finalmente, al tercer conjunto de derechos que, según Marshall, definen a la ciudadanía y que resultan característicos del siglo XX. Se trata de su componente *social*, cuya singular novedad ya destacamos y conviene que consideremos ahora en toda su dimensión.

No es que antes no hubiese habido derechos sociales. Desde 1795, en el sur de Inglaterra, el llamado "sistema de Speenhamland", por ejemplo, garantizaba un salario mínimo, brindaba subsidios familiares y estatuía el "derecho a vivir". Pero no era más que un residuo del viejo orden, una traba premoderna y precapitalista a la libertad de mercado, que fracasó rotundamente en sus objetivos y que terminó siendo barrida por la Revolución Industrial. La reemplazó la Ley de Pobres de 1834, que no sólo se cuidaba muy bien de cualquier interferencia en la relación salarial sino que planteaba la ayuda a los necesitados como lo otro de la ciudadanía: quienes la recibían perdían automáticamente sus derechos civiles y políticos, esto es, dejaban de ser ciudadanos. La premisa era que, por definición, cualquier ciudadano disponía de los medios para valerse por sí mismo; por eso, las primeras Leyes de Fábrica protegían exclusivamente a las mujeres y a los niños, que no calificaban como ciudadanos.

Marshall muestra cómo todo esto empieza a cambiar cuando se establece la educación primaria obligatoria y pública, que debe ser vista, nos dice, "no como el derecho del niño a ir a la escuela sino como el derecho del ciudadano adulto a haber sido educado". Pero es, sin duda, el Estado de Bienestar el que va a colocar a los derechos sociales a igual nivel que los otros dos elementos de la ciudadanía puesto que introduce "un derecho universal a un ingreso real que no guarda proporción con el valor de mercado de quien lo reclama" y pone a cargo de la autoridad pública la obligación de hacerlo efectivo. De ahí que tanto la escuela como los servicios sociales se cuenten entre las instituciones más típicas de este tercer componente.

Ahora se entiende mejor que Marshall hablase del surgimiento de un nuevo tipo de capitalismo, "ablandado por una inyección de socialismo". Apuntaba a ese "enriquecimiento general de la sustancia concreta de la vida civilizada" que estaba ocurriendo gracias a la incorporación de criterios de solidaridad allí donde sólo había regido hasta entonces la competencia individualista en el mercado.[21] Esto iba a generar, en adelante, fuertes tensiones entre los tres elementos de la ciudadanía, dados los distintos valores que los inspiran.

El espíritu esencial del Estado

Los análisis de Marshall poseen un doble interés a mis fines. En primer lugar, y aunque estén basados en el caso particular británico, llaman la atención sobre algunas transformaciones fundamentales que han incidido desde la posguerra en la organización democrática de los países capitalistas avanzados. A la vez, y por eso mismo, replantean la pregunta acerca de los parecidos de familia que he venido formulando desde el comienzo: ¿nos hallamos o no aquí ante un catálogo de derechos que fija las propiedades comunes suficientes para una definición canónica de la democracia?

Hay dos señalamientos del propio Marshall que nos ayudarán a dar una respuesta. Son especialmente importantes y, sin embargo, la literatura que conozco casi no les ha prestado atención.

El primero es explícitamente normativo y conviene que lo enfatice. *No hay un principio universal que determine cuáles son los*

---

[21] Quizás sea útil recordar que el propio Adam Smith, padre del liberalismo económico, le agregó a la sexta edición de su afamada *Teoría de los sentimientos morales* un capítulo titulado: "De la corrupción de nuestros sentimientos morales resultante de nuestra disposición a admirar a los ricos y a ignorar a las personas pobres o miserables". Varios años antes, ya Montesquieu había advertido que el principio clave de la democracia era la virtud y por eso no la creía realizable en los pueblos modernos, donde las prácticas sociales y políticas hablan del lujo, de la riqueza y de las finanzas y no de la virtud.

derechos y los deberes de los ciudadanos, decía Marshall en 1949. Existen sólo sociedades donde la ciudadanía es una institución en desarrollo y donde ha cobrado forma la "imagen de una ciudadanía ideal en relación a la que pueden medirse los logros y hacia la cual es posible dirigir las aspiraciones". Y, en esos lugares, esta imagen ha guiado una marcha con altibajos en procura de una mayor igualdad y de la inclusión del máximo número posible de personas como ciudadanos plenos, en posesión y disfrute de todos sus derechos.

El segundo pasaje corresponde a una conferencia de 1962, en la cual Marshall criticaba las distorsiones que había experimentado el Estado de Bienestar a causa del ascenso de la sociedad de consumo, cuyo materialismo individualista erosiona continuamente la solidaridad.[22] Afirmaba allí que el Estado de Bienestar no constituye, sin embargo, un concepto general ni tampoco un tipo ideal porque sus rasgos se modifican según el lugar y la época, de manera que no existe una estructura única que le sea propia y que pueda reputarse como la ortodoxa o la correcta. Lo que sí lo define, en cambio (y vuelvo a subrayar), es el *"espíritu esencial" que lo anima* y que no es otro que el del "socialismo B"; y esto, insiste, no implica rechazar al capitalismo sino reconocer que hay algunos aspectos de "una vida civilizada que están por encima de él y que deben ser realizados frenando o sustituyendo al mercado".

Debemos completar y ampliar esta última observación de Marshall, para conectarla mejor con la primera. Es que al centrarse en el concepto de ciudadanía, sus análisis tuvieron una paradójica propensión a relegar un tema tan crucial como el del Estado que constituye, sin embargo, el revés de la trama de aquel concep-

---

[22] El Estado de Bienestar surgió, recuerda Marshall, "en una época en que el sentido de solidaridad nacional creado por la guerra coincidió con las restricciones forzosas al consumo y con el régimen de distribución y reparto que impuso la escasez de posguerra". Téngase en cuenta que, en Inglaterra, el racionamiento de productos como la manteca, la margarina, el queso, el tocino y la carne recién se levantó en 1954.

to.[23] Sobre todo cuando se toma debidamente en cuenta que los derechos de ciudadanía son, en primer lugar, deberes que el Estado asume frente a sus miembros.

El Estado como construcción

Para seguir con el ejemplo inglés, la difusión de los derechos civiles tuvo como condiciones necesarias que el Estado hubiese logrado monopolizar el uso legítimo de la violencia sobre todo su territorio; que sujetara su poder de coerción a un sistema de normas jurídicas unitario, homogéneo y coherente; y que estuviese de esta manera en posición de hacer cumplir las garantías constitucionales y de asegurar la administración de justicia. En esta forma, el gobierno limitado y el imperio de la ley se volvieron las coordenadas de un espacio público en el cual pudo desplegarse la historia que narra Marshall y en cuyo ámbito se modificaron con el tiempo los criterios de participación, pasando de la representación de notables a la representación de partidos.

Si, por un lado, se gestaron y se extendieron de este modo los derechos políticos, por el otro, la creciente universalización del sufragio trajo aparejados nuevos problemas para el Estado. Porque, al comienzo, el voto se restringió a quienes tenían propiedades o inversiones, poseían determinados niveles de educación formal o habían desempeñado cargos públicos, esto es, le fue concedido a individuos que se hallaban supuestamente interesados en defender el orden vigente y que, a la vez, se encontraban material e intelectualmente habilitados para poder hacerlo. Pero, las cosas cambiaron al levantarse esas restricciones puesto que adquirieron

---

[23] Para ser justo, Schumpeter incurre en idéntica omisión y ni siquiera menciona al Estado de Derecho como precondición para la operatividad de su definición procedimentalista de la democracia.

derechos políticos muchas personas que no estaban en situación de ejercerlos en plenitud. Fue así que, al cabo de considerables luchas y compromisos, se terminó por atribuirle al mismo Estado la responsabilidad de suplir tales carencias, promoviendo, como vimos, la dimensión *social* de la ciudadanía.

Pero hablar del Estado nunca es hablar de un dato sino de una construcción, de un artefacto cultural que aparece, a la vez, como el producto y la expresión de determinados conflictos y tradiciones, cristalizados en conjuntos históricamente específicos de instituciones y de prácticas. De ahí el papel que han jugado los intelectuales en elaborar la teoría de su soberanía o en establecer sus articulaciones con la sociedad civil; y, sobre todo, en erigirlo en Occidente, en los dos últimos siglos, en el portador de proyectos colectivos que, según los momentos y los lugares, se condensaron en el nacionalismo, en la modernización, en la justicia social o en el desarrollo. Decir Estado, entonces, connota siempre experiencias particulares.

Es exactamente a esto a lo que se refería Marshall cuando intentaba definir el Estado de Bienestar no por un tipo diferenciado de estructura sino por el "espíritu esencial" que lo animaba. Más aún, creo que este "espíritu esencial" al que aludía puede resumirse en una fórmula bastante simple, que luego desarrollaré: allí donde los liberales del siglo XIX habían conceptualizado negativamente a la libertad como la no interferencia del Estado en la vida privada, se reconocía ahora (con grados diversos de convicción) que cualquier compromiso genuino con la libertad exigía comprometerse también con las condiciones que la hicieran posible para el conjunto de los ciudadanos; y que ésta era justamente una obligación prioritaria del Estado.

Pero si digo "grados diversos de convicción" es porque esa identificación lineal entre el Estado de Bienestar y la socialdemocracia que sugiere Marshall –inspirado, reitero, en el caso inglés– es difícil de sostener. De hecho, muchos de los gobiernos europeos de posguerra que implementaron políticas sociales eran conservadores. Si lo hicieron presionados en buena medida por la acción de los sindicatos y de los partidos de izquierda, también es cierto que ya desde antes las propias necesidades de la movilización para la guerra habían vuelto imprescindible ganarse la lealtad de la población.[24]

El ascenso generalizado de la socialdemocracia al poder se produciría después, de manera que a mediados de la década del setenta los gobiernos de todos los países de Europa del Norte eran efectivamente de ese signo político. Por eso Hobsbawm data la aparición de los primeros Estados de Bienestar en esta época. Por mi parte, prefiero seguir la práctica más habitual, aceptando que los Estados que reciben este nombre emergieron bastante antes pero mostrando también –como haré enseguida– que tomaron formas marcadamente distintas según los lugares. En cambio, conviene anticipar que no necesariamente han existido allí donde la población se benefició, sin embargo, de un conjunto más o menos amplio de derechos sociales.

Esto permite dar desde ya una respuesta negativa a la pregunta sobre los parecidos de familia que dejé pendiente un par de páginas atrás: el catálogo marshalliano de los derechos de ciudadanía no nos proporciona los elementos suficientes para una definición de la democracia pues, como mínimo, remite en cada caso a un examen de las peculiaridades del Estado donde esos derechos operan

---

[24] En 1999, el sociólogo inglés Anthony Giddens afirmaría rotundamente que "el Estado de Bienestar, tal como existe hoy en Europa, fue creado en y por la guerra, como lo fueron tantos aspectos de la ciudadanía nacional". En realidad, esta tesis ya era sostenida desde 1950 por Richard Titmuss, otro experto del mismo origen. De todas maneras, Giddens exagera al decir "tal como existe hoy" pues soslaya tres cosas: que en Europa no hay una única variedad de Estado de Bienestar; que ha habido profundas y frecuentes reformas en materia de políticas sociales; y que, precisamente por eso, si la solidaridad de guerra puede resultar un factor explicativo del surgimiento de los Estados de Bienestar, no sirve en cambio para dar razón de su permanencia ni de sus transformaciones. Esto, dejando de lado el hecho de que países como Suecia o Suiza no participaron en la guerra.

y adquieren su sentido. Nuevamente, se trata de rasgos que, según las circunstancias, nos autorizarán (o no) a establecer tales parecidos de familia.

Visión política y ciudadanía

Pero debemos avanzar un paso más. Si el Estado es una construcción, otro tanto ocurre con la ciudadanía. De ahí que, como apunta el mismo Marshall, no haya ningún principio universal que pueda dictar sus contenidos. Todo depende de las tradiciones y de los marcos institucionales de cada país y, en especial, de la visión de la política que resulte dominante. En este sentido, es sintomático que el propio planteo marshalliano haya sido objeto de lecturas diversas, según la perspectiva adoptada por cada intérprete. Para unos, próximos a su concepción de la política, se sigue de ese planteo que no puede haber ciudadanía democrática sin derechos sociales. Otros van todavía más lejos y consideran que estos derechos son la "precondición ontológica y moral" de los derechos civiles y políticos. Pero hay quienes, menos cercanos ideológicamente, entienden que los derechos sociales no son de ningún modo constitutivos de la ciudadanía sino tan sólo medios para facilitarla.[25]

Volveré sobre esa cuestión. Pero me importa dejar establecido desde ahora que tampoco la ciudadanía es un mero dato sino una construcción social que se funda, por un lado, en un conjunto de condiciones materiales e institucionales y, por el otro, en una cierta imagen del bien común y de la forma de alcanzarlo. Lo que equivale a decir que es siempre el objeto de una lucha, por más que en determinados lugares ésta pueda haberse resuelto desde hace mu-

---

[25] Para el lector interesado, Fraser y Gordon ilustran la primera posición; la segunda, Roche; y la tercera, Barbalet. Para las fuentes precisas, véase la Orientación bibliográfica.

cho y haya tendido a naturalizarse así una forma particular de construcción de la ciudadanía.

Por eso es legítimo que Marshall defendiera al Estado de Bienestar y nos ofreciese una conceptualización de la ciudadanía arrai-
gada en los principios del socialismo ético que había hecho suyos
y que tanto distaban del elitismo schumpeteriano. Sólo que, como
él mismo insinúa entre líneas, no hay ningún hecho objetivo que
pruebe que, más allá de los discursos de época, todo el mundo esté
(o se sienta) llamado a constituir una comunidad moral.

Tanto el Estado como la ciudadanía, repito, son construcciones
que responden a luchas y compromisos indisociables de historias,
de tradiciones y de contextos específicos. Y se lo propongan o no,
también los análisis que realizan los intelectuales se vuelven parte
de este proceso, en la medida en que contribuyen a fortalecer unas
interpretaciones de la realidad más que otras.

Todo esto no significa, aclaro, que las construcciones del Estado
y de la ciudadanía sean necesariamente idénticas u homólogas (y
de ahí mi anterior crítica a Marshall). Es más: con frecuencia, son
las tensiones y los conflictos que existen entre ellas las que pro-
porcionan las claves para entender el cambio político. En el caso
de los Estados Unidos, por ejemplo, ya Tocqueville había advertido que la lógica de un Estado crecientemente dominado por la idea
del desarrollo industrial a ultranza podía desembocar en un "despotismo administrativo", ajeno por completo a las tradiciones democráticas de una ciudadanía formada en valores como la igualdad y
la participación activa en la vida comunitaria.

X. De Schumpeter a Marshall

LAS VISIONES de la política que caracterizaron los pensamientos de Schumpeter y de Marshall fueron notoriamente disímiles y, por eso mismo, ambos concibieron también a la ciudadanía de modos radicalmente diversos.

Para el primero, el denominado gobierno democrático era un asunto de las elites y la participación política desempeñaba un papel claramente secundario. De hecho, ni siquiera creía que en una democracia resultase indispensable el voto universal, pues podía bastar con el voto calificado; tampoco concedía demasiada importancia a la periodicidad de las elecciones; y, en cuanto al socialismo cuya llegada anunciaba, poco tenía que ver con ideales éticos, ya que su imagen era, en esencia, la de una gran autoridad central que controlaría al sistema de producción en su conjunto. Desde una perspectiva semejante, es lógico que el cometido de los ciudadanos se agotase en la intervención electoral. Según la mejor tradición liberal, la ley convoca cada tanto al pueblo para que la dote de funcionarios y no para regirse por su voluntad. En términos estrictamente lógicos, el pueblo no es, entonces, más que una construcción de la ley. Por eso, queda disuelto como tal en el mismo momento en que deposita su voto en las urnas. Antes y después de este momento, son los funcionarios quienes se encargan de los negocios públicos. El eco que se escucha es muy lejano pero proviene de Esparta.

Nada más ajeno al horizonte marshalliano. En verdad, el sociólogo inglés no se ocupa directamente de la democracia como régimen político (la noción no aparece mencionada siquiera en el volumen que recoge sus principales trabajos) sino que, según vimos, estudia el proceso de expansión de los derechos de los ciudadanos a lo largo de los tres últimos siglos hasta culminar en el Estado de Bienestar como concreción de los ideales éticos de la socialdemocracia (su socialismo B).

Dos son aquí las principales cuestiones que ocupan el proscenio: la participación y la igualdad. Como explicaba Marshall en un texto de 1953, uno de los grandes dilemas del Estado de Bienestar es cómo establecer "la igualdad de oportunidades sin abolir las desigualdades sociales y económicas" que son propias del capitalismo. En contraste con la de Schumpeter y sus seguidores, esta visión de la política promueve, pues, una idea activa de la ciudadanía y de su implicación en la vida comunitaria, que va mucho más allá del voto. En este caso, el murmullo que se percibe es muy débil pero llega de Atenas.

Para volver a la metáfora que he venido empleando desde el inicio, las perspectivas que adoptan nuestros autores están inscritas en las tradiciones de las que podían haber sido para siempre dos familias diferentes: a una la llamé *gobierno de los políticos* y a la otra, *gobierno del pueblo*. Sin embargo, con dificultades y tensiones, acabaron fundiéndose en una sola, dominada por la primera de ellas. La unión se vio facilitada no sólo porque las dos le dan una gran importancia a los derechos civiles y políticos sino porque, por razones distintas, coinciden también en reconocerles a los ciudadanos un conjunto de derechos sociales.

Ya dije que el problema de la igualdad no era una preocupación de Schumpeter. Pero sí lo era que existiese, por un lado, un suficiente auto-control democrático de la población que impidiera los comportamientos impredecibles y violentos y las críticas excesivas al gobierno o a los políticos; y por el otro, una difundida cultura de la tolerancia y del compromiso —esos "sentimientos de sociabilidad sin los cuales es imposible ser un buen ciudadano", de los que ya había hablado Rousseau, miembro conspicuo de la otra tradición—. O sea que, así como Rousseau sostenía que era indispensable una "religión civil" en la cual pudiese cimentarse el respeto a las leyes, la "democracia como método" de Schumpeter fijaba como uno de sus requisitos principales la presencia de una moral pública adecuada.[26]

Y dado que, según él, toda conducta se explica en función de intereses, que eso fuera posible exigía, a su vez, niveles razonables y extendidos de bienestar. Es por ello –y tal como lo expuse– que limitaba el alcance de sus argumentos a las sociedades capitalistas "en su estado de madurez", donde priman una "efectiva simpatía" por "los sufrimientos reales y fingidos" de la población y una "buena disposición para aceptar cargas sociales"; y donde, además, se dispone "de los medios materiales y de la voluntad" para implementar "la legislación social o, de una manera más general, las reformas institucionales a favor de las masas".

Un momento de reflexión alcanza para darse cuenta de que, en este tema, la posición de Schumpeter era la misma que criticaba el "socialismo A" aludido por Marshall: los derechos sociales son concebidos como un mecanismo burgués de integración y de domesticación de los trabajadores a fin de que éstos se sometan pragmáticamente al gobierno de las elites. Pero no es éste el punto ahora. Sí, en cambio, que por dispares que fueran sus inclinaciones y sus

---

[26] Este recurso a un antecedente necesario que el propio método democrático no puede generar, recuerda la conocida y demoledora crítica que le hizo Durkheim al utilitarismo de Spencer. Éste había sostenido que las sociedades modernas se basaban esencialmente en el contrato, es decir, en acuerdos libremente realizados por actores individuales. Lo cual, decía Durkheim, termina invirtiendo tanto la secuencia histórica como la lógica. Es sólo a partir del contexto social que resulta posible comprender a la vez cómo se constituyen los individuos y de qué manera entran en relaciones contractuales. Más aún que los contratos carecerían totalmente de sentido en ausencia de un conjunto complejo de condiciones previas que los vuelven confiables y, sobre todo, exigibles. *Mutatis mutandis*, lo mismo se aplica a cualquier definición restringida de la democracia que intente condensarla en una fórmula del tipo "celebración de elecciones periódicas" u otras similares. Si alguna demostración práctica era necesaria, el caso de Bosnia viene a ilustrarlo suficientemente: en ausencia de un consenso previo acerca de los contornos de la comunidad política, el ritual del voto se convirtió allí en una trampa trágica.

motivos, *los dos pensadores coincidían en adjudicarle un rol absoluta-mente sustantivo al bienestar y a la protección social de la población.*

En el caso de Marshall, como antes en Rousseau o en Jefferson y después en Dahl (para remitirme sólo a autores y a posiciones citados aquí), lo que estaba en juego era la capacidad de los ciudadanos para participar en forma autónoma en el debate político. Y esta capacidad era impensable en ausencia de un sustrato material y social que la tornara posible y la garantizara.

Pero no solamente esto. Al soslayar el tema del Estado, Marshall no le dio toda la importancia que tiene a otro aspecto de la misma cuestión, que podría suponerse incluida –aunque muy vaga e imprecisamente– en la idea schumpeteriana de moral pública. Me refiero al hecho nada trivial de que una vez que el Estado asume como tarea propia la de asegurar la prosperidad de la sociedad en su conjunto, su legitimidad sustantiva pasa a depender de que así sea o, por lo menos, de que haya razones convincentes y creíbles que permitan confiar en que así será en un futuro no demasiado remoto. En otras palabras, *el bienestar colectivo aparece dos veces: como condición para el ejercicio de la ciudadanía y como condición para la legitimidad del Estado.*

XI. La experiencia de los países capitalistas avanzados

En 1942, el Informe Beveridge sobre la seguridad social en Gran Bretaña le había declarado la guerra a la miseria, a la enfermedad, a la ignorancia y a la indolencia. Y en esa "edad de oro" que describí páginas atrás (los "treinta años gloriosos", según los bautizó un economista francés), virtualmente todos los países capitalistas avanzados se enrolarían en esa guerra y obtendrían triunfos significativos, espoleados por la competencia con la Unión Soviética y sus aliados. Así cobraba forma el compromiso político más duradero y permanente que se conoce hasta ahora entre el capitalismo y la democracia en tiempos de paz.

Cada uno de esos países ingresó en él conforme a sus propios ritmos y modalidades y los logros fueron consiguientemente muy dispares. Pero es evidente que primó, en general, un esfuerzo combinado por incidir sobre las variables macroeconómicas y por regular los mercados de trabajo para proteger la estabilidad del empleo. Al mismo tiempo, se efectuaban transferencias masivas de fondos públicos con fines sociales, destinados a financiar la educación pública, los subsidios por desocupación, los seguros de salud, las jubilaciones y pensiones, los préstamos para la vivienda, etcétera.

Quienes más progresaron en esta dirección fueron los países escandinavos –en primer lugar, Suecia y Noruega; luego, Dinamarca y Finlandia–, que ya habían tomado la delantera desde los años treinta. En estos lugares hubo una identificación cada vez más explícita con ese modelo igualitario al que apuntaba el "socialismo B" de

Marshall (y que también tendría un auspicioso comienzo de implementación durante el gobierno laborista de Attlee, en la segunda mitad de la década del cuarenta, en lo que se conocería hasta los años sesenta como la "Gran Bretaña de Beveridge"). En los países nórdicos, las prestaciones sociales fueron especialmente generosas y, en una fase inicial que se completó en los sesenta, estuvieron dirigidas a mantener niveles de ingresos adecuados para el conjunto de la población. En las dos décadas siguientes, se avanzó hacia la puesta en práctica de políticas activas de empleo junto con una vigorosa promoción de la igualdad de los géneros y de los servicios sociales. Desde entonces, estos servicios se han destacado por su carácter *universal* (se brindan a todos los ciudadanos) y *gratuito* (se financian con impuestos) y por el hecho de que toman en consideración mucho más las *necesidades* de los beneficiarios que los aportes que éstos hayan realizado.

El caso de las naciones escandinavas me da ocasión, sin embargo, para prevenir al lector contra las infatigables asechanzas del determinismo. Que se hayan creado allí condiciones más igualitarias que en otras partes para la construcción de la ciudadanía no significa que esta construcción haya tenido las mismas características en todos esos países. Intervinieron en ello las diferencias entre sus respectivas estructuras sociales y políticas, los factores culturales y, muy especialmente, los diversos estilos nacionales de hacer política. Baste aquí un ejemplo. En Dinamarca existe una dilatada tradición de origen rural que impulsa la participación desde abajo en movimientos alternativos, extraparlamentarios. En cambio en Suecia, la tendencia de la ciudadanía es a actuar a través de los partidos y a involucrarse fuertemente en la política parlamentaria. Las contribuciones del Estado de Bienestar se refractaron en estos prismas sin alterarlos en forma sustancial.

En contraste con estas experiencias, en los restantes países europeos se impuso, según las épocas, el "modelo bismarckiano", denominado así por referencia al canciller alemán que, a fines del siglo pasado y para frenar los progresos del socialismo, creó el primer sistema estatal de políticas sociales de los tiempos modernos, el cual incluía ya a los seguros sociales y a las pensiones para la vejez.

Precisamente por su concepción aseguradora, este esquema y sus derivados son mucho menos universalistas y redistributivos que el escandinavo: no únicamente se basan en los aportes efectuados sino que, además, calculan los montos de las pensiones y de los subsidios en función de los ingresos habitualmente percibidos por los solicitantes. Dada su óptica, son pautas que fueron pensadas centralmente en función del trabajador asalariado (más aún: del jefe de familia varón y único sostén del hogar), aunque luego se extendieran al grueso de los ciudadanos. De ahí que normalmente tengan que ser complementadas por medidas de ayuda social a los más desamparados, conforme a montos y a coberturas muy variables.

En términos generales, en estos lugares ha influido menos un modelo como el de aquel "socialismo B" marshalliano, que el deseo de incidir sobre las causas más inmediatas del conflicto social, tanto para prevenirlo como para mitigarlo. Pero lo importante es que también en estos casos pudieron satisfacerse las condiciones mínimas de bienestar sobre las cuales se asentó el compromiso político de la democracia capitalista.

Una situación aparte es la de los Estados Unidos, por más que haya sido allí donde se originó la propia expresión "seguridad social" en tiempos del *New Deal*. Sucede que su parecido de familia con los Estados de Bienestar europeos resulta más tenue que el de éstos entre sí; y, tal como pasa hoy con las carencias de la democracia en América Latina, esa singularidad ha obligado a los observadores a acudir a los calificativos –algunos de los más comunes: Estado de Bienestar *liberal, marginal, residual* o simplemente *semi-Estado de Bienestar*–. En rigor, tampoco son asimilables los desempeños de la economía norteamericana y los de las principales economías europeas pues, desde fines de los años cuarenta hasta comienzos de los sesenta, la primera tuvo una tasa de crecimiento relativamente baja y altos niveles comparativos de desempleo; sólo que, al mismo tiempo, se caracterizó también por sus salarios elevados.

La lógica del sistema de protección norteamericano resulta bastante clara, así como su filiación en un fuerte individualismo y en un pasado de frontera abierta; y, por supuesto, tiene bastante poco que ver con ese "espíritu esencial" del que hablaba Marshall. En este caso, una de las premisas de construcción de la ciudadanía es que los bienes necesarios para vivir deben obtenerse en el mercado, el cual los brinda de acuerdo con la contribución que cada uno realiza en términos de esfuerzo, de calificación, etc. Si un individuo se ve privado de los medios para subsistir por motivos ajenos a su voluntad, corresponde que busque socorro, primero, en la familia y, después, en las diversas redes privadas de solidaridad. En cuanto al Estado, constituye sólo un recurso de última instancia, que interviene si fracasaron todos los demás. Por este camino, los reales destinatarios de la protección oficial acaban siendo aquí los pobres, a quienes casi invariablemente se los diferencia y estigmatiza porque se parte siempre de la sospecha de que tratan de aprovecharse de la generosidad pública.

Sin embargo, cabe una aclaración que tiene una particular relevancia para mi argumento. No hay duda de que, por lo dicho y a pesar de las reformas introducidas por los presidentes Kennedy y Johnson en la década del sesenta, en los Estados Unidos la red pública de seguridad social constituye un entramado desparejo, lleno de parches y escasamente solidario. Desde este punto de vista, es lícito sostener que los derechos sociales experimentaron allí un desarrollo comparativamente débil. Pero hay varios motivos para matizar una afirmación como ésta.

Citaré cuatro: uno es la extraordinaria prosperidad económica de que ha disfrutado el país en este siglo (incluidos los años de guerra) y que contribuyó a mejorar los recursos de amplias capas de la población, de modo que hacia 1968 la distribución del ingreso no resultaba allí más desigual que en 1776, cuando Estados Unidos era uno de los países más homogéneos de la época; otro, la exitosa acción de los sindicatos que, desde los años treinta, negociaron medidas de bienestar al margen del Estado (compensaciones por desempleo, gastos de salud, vacaciones pagas, jubilaciones, etc.); el tercero, la importancia adquirida por eso que se denomina el *fiscal welfare*, es decir, el uso de recursos públicos para financiar esquemas de bienestar privados; y finalmente, la presencia de un extenso tejido asociacionista que ha servido para que una cantidad significativa de necesitados hallasen un refugio efectivo en el interior de la sociedad civil misma. Esto, sin perjuicio de la mencionada victimización de los desposeídos (agravada por la discriminación racial) y de las notorias inequidades sociales que son inherentes al modelo.[27]

Pero, cualesquiera hayan sido sus limitaciones y el grado de semejanza de sus manifestaciones concretas, resulta claro que el denominado Estado de Bienestar se difundió en la posguerra en todos los países industriales donde había democracias consolidadas, esto es, donde la democracia representativa ya existía antes de la Segunda Guerra Mundial. Es decir que efectivamente operó en esos sitios el catálogo marshalliano de los derechos de ciudadanía, por más que adquiriese perfiles propios y cualitativamente diversos en cada lugar y que el famoso "espíritu esencial" que antes mencioné sólo tuviera carnadura concreta en un par de ellos.

Es claro que no todas las naciones capitalistas avanzadas habían sido democráticas antes de la guerra. Cabe preguntarse, entonces, qué pasó en las otras. El asunto tiene su importancia y merece un capítulo aparte.

---

[27] Un artículo aparecido en 1963 en el *New York Times Magazine* sostenía que Estados Unidos era un país profundamente democrático a pesar de que "la voluntad de la mayoría no se refleja en muchas de nuestras instituciones políticas". La razón aducida era precisamente que la democracia al estilo norteamericano "debe ser interpretada más como un fenómeno social que político. Ha significado que un número cada vez mayor de norteamericanos ha conseguido alcanzar un nivel de seguridad material que en otros países continúa siendo privilegio de minorías exclusivas".

XII. Las transiciones europeas a la democracia

Alemania Federal, Austria e Italia

LOS TRES países europeos donde se restableció la democracia representativa al terminar la Segunda Guerra Mundial fueron la República Federal Alemana (R.F.A.), Austria e Italia. Los tres habían participado tradicionalmente de la concepción estatalista y corporativista de las políticas sociales que alimentó el modelo bismarckiano; y volvieron a activarla en las nuevas circunstancias, otra vez con peculiaridades en cada contexto. El caso alemán puede tomarse, sin embargo, como relativamente emblemático, tanto por su significación como por las varias similitudes que tuvo con los otros dos.

Según se sabe, la R.F.A. salió del conflicto bélico postrada económica, social y moralmente. La recuperación vendría luego de la condonación de la deuda externa y de la reforma monetaria de junio de 1948 pero, más que con el Plan Marshall, se la asocia sobre todo con la "economía social de mercado", que tanta admiración despertó desde entonces en la derecha liberal fundamentalista de América Latina. Sin embargo, este entusiasmo tuvo por base una lectura intencionalmente distorsionada del llamado "milagro alemán", que partió de convertir a Ludwig Erhard en su protagonista casi absoluto. Se explica: Erhard fue en esa época el paladín europeo de la liberación de precios; lo que no se dijo es que fue también un decidido promotor de la intervención del Estado en políticas industriales activas.[28] Peor todavía: se menospreció el papel que cumplió el componente "social" del modelo, soslayando tanto el fuerte liderazgo político que le proveyó Konrad Adenauer como el papel que jugó el ala socialcristiana de la gobernante Unión Demócrata Cristiana, impulsando los principios del reformismo católico y de su doctrina sindical.

Si a esto se le suma la influencia que ejercieron en la R.F.A. las potencias de ocupación y figuras tan importantes como el sindicalista y político laborista británico Ernest Bevin (ministro de relaciones exteriores durante el gobierno de Attlee), se entiende por qué la reconversión económica fue acompañada, como explicaba Dahrendorf en 1991, por "la codeterminación en la industria del carbón y el acero, una 'constitución de la empresa' altamente participativa, un esquema elaborado y costoso de pensiones y jubilaciones para los ancianos, y un sistema de medicina pública que, en conjunto, hicieron de Alemania uno de los Estados con mayor bienestar en Europa".

Es justamente lo que me importa marcar: que también en este caso, entre las décadas del cincuenta y del setenta cobró forma un extendido "Estado social" (la expresión que prefieren usar los alemanes) que, presionado por la socialdemocracia, se fue desplazando hasta ocupar una posición intermedia entre los modelos bismarckiano y escandinavo, con algunos influjos también reconocibles del modelo norteamericano.

Por una parte, la R.F.A. ha sido uno de los lugares donde más deliberadamente se utilizaron las políticas sociales con el propósito de prevenir y de regular los conflictos. Después, las transferencias de recursos públicos destinados a estos fines han resultado cuantio-

---

[28] Conviene recordar que la R.F.A. heredó del nazismo un Estado mucho más extendido que el de muchos otros países europeos. Así, en 1950 el gasto público equivalía allí al 30,4% del PBI y superaba a los de Francia o Gran Bretaña. A mediados de los años setenta llegaba ya al 42% mientras que el gasto en servicios sociales se había duplicado.

sas, con un énfasis universalista modesto pero creciente. Diversos factores (el liberalismo, el reformismo conservador, la ética social-católica, etc.) se combinaron para disminuir, en cambio, la significación de los servicios sociales directamente provistos por el sector público. Es en este aspecto que reencontramos el esquema norteamericano de subsidiariedad del Estado, con la primacía que le adjudica a la familia y a las asociaciones voluntarias como fuentes de ayuda al necesitado. Sin embargo, la actitud hacia los pobres no ha sido la misma y, como ironiza un observador, la ley federal alemana de ayuda social simplemente ha prohibido que haya pobres en su territorio.

A la luz de todas las evidencias disponibles, es indudable que la espectacular recuperación del país tuvo como uno de sus pilares más sólidos a las políticas sociales. A la vez, el Estado social consolidó el pleno empleo y favoreció los acuerdos entre las empresas y los sindicatos, llevando los niveles de vida y de seguridad de la mayoría de los trabajadores de ese país a ubicarse entre los más altos de todo el mundo capitalista. Estos factores, sumados desde 1951 a las prácticas participativas de sindicatos y trabajadores, han desempeñado un rol central en el proceso que, al decir de Habermas, hizo que un pueblo que no contaba con "las raíces de una mentalidad republicana" se fuera "acostumbrando a las tradiciones de la libertad".

Antes de abandonar este caso corresponde una última mención, con los ojos puestos en América Latina. A poco de terminada la guerra, el sociólogo alemán Gerhard Baumert condujo una de las primeras encuestas que se realizaron entre los jóvenes de la República Federal Alemana. La principal conclusión de su estudio fue la siguiente: "desde la época en que el ejército norteamericano trajo grandes cantidades de artículos de consumo que los europeos necesitaban para poder sobrevivir, en las mentes de los jóvenes alemanes la noción de 'democracia' quedó estrechamente asociada a las nociones de 'alimentos, ropa y abundancia'". A cuatro décadas de distancia, Dahrendorf no vacila en afirmar: "La democracia alemana continúa siendo inestable precisamente porque está muy íntimamente ligada a la prosperidad material".

Señalo esto porque, desde mi perspectiva, no es nada ocioso preguntarse a esta altura qué hubiese sucedido con la democracia alemana sin "milagro alemán" y sin "Estado social".

Grecia, Portugal y España

La segunda oleada de transiciones europeas a la democracia representativa ocurrió unas tres décadas después de la primera y tuvo como principales protagonistas a Grecia, Portugal y España, las zonas del "capitalismo pobre" de ese continente.

Las dictaduras que gobernaron estos países habían aplicado al tratamiento de los temas sociales una versión que ha sido denominada "despótica-corporativa" del modelo bismarckiano, puesta bajo la égida de las jerarquías eclesiásticas y dirigida no a los ciudadanos como tales, sino a los grupos específicos de trabajadores que en cada caso se quería captar. Además, los fondos dedicados a estos menesteres fueron muy magros: mientras que las naciones miembros de la Comunidad Europea asignaban, en promedio, el 24% del Producto Bruto Interno a los gastos en protección social, en esos tres países la proporción no llegaba al 10%. Como resume el experto español José M. Maravall: "Al término de las dictaduras, las sociedades del sur de Europa, y la española en particular, se hallaban muy lejos de los sistemas de servicios sociales y de transferencias de rentas que acompañaban la prosperidad económica en Europa Occidental".

La situación varió sensible y nítidamente con la llegada de la democracia: unos años más tarde, los gastos de protección social superaban el 19% del PBI en Portugal y el 20% en Grecia y en España, es decir, se habían duplicado. Como siempre, las características y los ritmos de construcción de estos Estados sociales fueron disímiles: es así que la década del setenta resultó la de más rápido crecimiento del gasto social en España y la de una expansión casi nula de este rubro en Grecia. Pero en los tres lugares –y muy especialmente con el arribo al poder de gobiernos socialdemócratas– el sector público multiplicó las iniciativas sociales, buscando situarse en una posición al menos intermedia entre el modelo bismarckiano y el modelo escandinavo. La consecuencia fue que –según había sucedido antes en la R.F.A., en Austria y en Italia– los índices de desigualdad social descendieron de una manera apreciable.

De ahí que exista un generalizado consenso entre los observadores acerca de la gran importancia que también en estos casos tuvo el desarrollo de las políticas sociales para la consolidación de los nuevos regímenes democráticos; y ello a pesar de los altos niveles de desempleo que han enfrentado España y Grecia y de que la tasa de pobreza de Portugal ha venido siendo la más elevada de toda la Unión Europea.

Porque este es otro asunto en el que deseo hacer hincapié. Destaqué en páginas anteriores cómo se estableció el Estado de Bienestar en los países de Europa del Norte durante la "edad de oro" de la posguerra, esto es, en los tiempos de una expansión económica tan impresionante como sostenida. Pero no ocurrió lo mismo en las naciones a las que ahora me refiero. Por el contrario, la instalación de la democracia representativa se produjo, en estos casos, en el contexto de las profundas crisis capitalistas que se desencadenaron en la década del setenta y de sus secuelas. Sin embargo, la creación e implementación de políticas sociales fue llevada adelante tanto cuando la economía creció como cuando se estancó; y no estuvo sujeta tampoco a las fluctuaciones de los índices de desocupación. Éste es otro dato a tener en cuenta para lo que sostendré más adelante.

Japón

Aunque no se trate de un país europeo, cabe hacer aquí una breve referencia a otra transición a la democracia que tuvo lugar en la posguerra y que marcha también en el sentido de mi argumento, aunque no exactamente por los carriles del Estado de Bienestar. Me refiero al caso de Japón.

Después de 1945, el gobierno norteamericano de ocupación no sólo dotó a este país de una nueva constitución sino que rediseñó sus limitados esquemas de seguridad social conforme a las pautas occidentales. Sin embargo, en este orden como en otros, los japoneses perseveraron en su práctica de "adopción y adaptación" de modelos externos iniciada en el siglo XIX y le dieron al gobierno un papel muy periférico en la ayuda a los necesitados, manteniendo el lugar casi excluyente que ocupaban en esto la familia y, supletoriamente, la comunidad local. De ahí que aun en los mejores años del "milagro japonés" el gasto social haya girado en torno a un escaso 2% del PBI.

En rigor, el fuerte dirigismo del Estado se concentró en un espectacular proceso de construcción nacional que hizo que, entre las décadas del cincuenta y del setenta, tanto el producto como la productividad creciesen a tasas promedio anuales superiores al 8%, mientras que el nivel de desempleo osciló en alrededor del 1,3%. En lo que aquí más interesa, entre los pilares de este desempeño se contaron un notable sistema nacional de educación obligatoria; una alta estabilidad de los puestos de trabajo; amplios programas de servicios sociales para el personal provistos por las empresas (sobre todo las grandes); y elevadísimos niveles de ahorro de las familias, que variaron según los años entre el 13 y el 20% del ingreso de cada hogar.

Como ya vimos, en sus versiones más elaboradas el Estado de Bienestar europeo procuró igualar ingresos a través de un sistema fiscal progresivo y de grandes transferencias de recursos por parte del gobierno, destinadas a financiar los gastos e inversiones sociales. Japón siguió otro camino, que no estuvo centrado en las transferencias públicas sino que condujo al achicamiento de la dispersión salarial intra e interfirmas, de modo que las distancias entre los ingresos brutos de los ciudadanos acabaron siendo mucho menores que en Occidente.

En síntesis, también en este caso la transición a la democracia estuvo acompañada de un acelerado desarrollo económico que incrementó el bienestar general de la población y condujo a una acentuada disminución de las desigualdades. Esto último, al punto de que el nivel de igualdad distributiva de Japón superó al de las demás naciones capitalistas avanzadas, incluidos los países escandinavos.

XIII. Capitalismo y democracia: segunda aproximación

Clases sociales y democracia

ME HE venido refiriendo al compromiso político sobre el que logró cimentarse la democracia capitalista en determinados lugares y a algunas de las condiciones que lo hicieron posible. Corresponde que diga ahora una palabra acerca de cómo se llegó a ese compromiso, que es otra manera de volver a hablar de las relaciones entre capitalismo y democracia.

En este sentido, en los años cincuenta, una serie de comparaciones cuantitativas realizadas por el sociólogo norteamericano Seymour Lipset inauguraron lo que luego sería un largo sendero de análisis al poner de manifiesto la existencia de una alta –aunque no perfecta– asociación positiva entre el desarrollo económico (medido por la riqueza, la industrialización, la educación y la urbanización) y la democracia. Dicho más simplemente, al aumentar el desarrollo, crecería también la probabilidad de que el régimen político fuera democrático.

¿Por qué? La primera interpretación de los datos que intentó Lipset no es muy convincente: a medida que se desarrolla la economía, propuso, aumentan las expectativas y las demandas de las masas al tiempo que se expanden también las posibilidades de que las elites puedan satisfacerlas. Pero ¿por qué un círculo virtuoso de este tipo debería operar necesariamente en el marco institucional de la de-

mocracia y no, por ejemplo, en el del autoritarismo populista o el
de una tiranía militar?

La segunda respuesta de Lipset resulta más interesante pero torna
menos directa y transparente la conexión causal. No concierne ya al
desarrollo económico en sí mismo sino al clima de moderación y de
tolerancia que éste promovería en importantes sectores de la población. De este modo, guiados por sus intereses, y al darse cuenta de las
ventajas que pueden obtener, los trabajadores preferirían formular demandas gradualistas y no hacer planteos revolucionarios. Sin embargo, tropezarían con la oposición de los ricos, quienes se resistirían a
ceder parcelas significativas de su poder económico y político. Que-
daría trabada de este modo "una lucha de clases democrática" que,
tarde o temprano, una clase media cada vez más extendida zanjaría
en favor de las reivindicaciones populares. Como se ve, en esta perspectiva (que se volvió lugar común de los teóricos de la modernización) la clase media acaba siendo la clave –y la garante principal– de
la institucionalización y de la estabilidad democráticas.

Según adelanté, estas tesis de Lipset dieron origen a abundantes
debates y reelaboraciones. Pero sólo quiero ocuparme brevemente
aquí de una línea de análisis en especial, que refuta su planteo.[29]
Sostiene –con la indudable cautela que imponen siempre las generalizaciones– que, casi en todas partes, la fuerza pro-democrática
por excelencia no fue en realidad la clase media sino la clase obrera. Sin embargo, esta clase necesitó buscar aliados para enfrentar-
se a una constelación poderosa de enemigos, encabezados muchas
veces por los grandes terratenientes tradicionales. Pero no en-
contró esos aliados en la burguesía, que fue uno de los principales
centros de resistencia a la incorporación política de los trabajadores (con la excepción parcial de los casos de Suiza, Gran Breta-

---

[29] Para el lector que desee profundizar el punto, esta línea de análisis fue iniciada por
Therborn en 1977 y continuada en 1992, con rectificaciones y nuevos aportes, por Rueschemeyer, Stephens y Stephens (véase la Orientación bibliográfica).

ña y Francia[30]). Dependió fuertemente, entonces, de la clase media, la cual –a diferencia de lo que mantiene Lipset– jugó siempre un rol ambiguo, conforme a los intereses, orientaciones y expectativas a menudo contrapuestos de los segmentos que la componen. O sea que resultó tan pronto un elemento reaccionario como un factor de democratización, que se sumó a las luchas de los sindicatos y de los partidos obreros.

Lo dicho implica que –tal como ya lo había intuido el propio Marx– el capitalismo y la democracia están estrechamente vinculados debido a la naturaleza contradictoria del primero, que en el curso de su desarrollo debilita a los terratenientes tradicionales y simultáneamente no puede evitar que crezcan las filas de los trabajadores y otras fracciones subordinadas, de las cuales surgirán después las presiones democratizantes.

Pero los autores que menciono se ven precisados a introducir con razón dos restricciones principales a su esquema interpretativo, con el evidente propósito de alejarlo de cualquier esencialismo. La primera es que los intereses de clase no vienen dados sino que son producidos socialmente, de modo que en una determinada coyuntura histórica se abren siempre diversos caminos alternativos, por más que el abanico de las opciones posibles quede acotado por compromisos ideológicos y ataduras organizacionales. La segunda restricción surge del hecho de que ninguna posición de clase puede ser entendida sin considerar la situación, las actitudes y los comportamientos de las otras clases sociales y sin incluir en el análisis las características del Estado y el comportamiento de los actores internacionales.

---

[30] En el caso temprano de Suiza, la industria tuvo una implantación básicamente rural y los empresarios industriales, los profesionales, los intelectuales y los artesanos se unieron a obreros y campesinos en un frente liberal contra el patriciado y las corporaciones de las ciudades. En Francia y en Gran Bretaña, en cambio, el realineamiento de diversas fracciones burguesas puede ser leído como una respuesta de conveniencia a las intensas movilizaciones populares previas.

El papel de la burguesía

Con lo cual retorno a mi interrumpido relato acerca de las naciones capitalistas avanzadas. En consonancia con lo anterior, sus configuraciones y sus trayectorias han sido indiscutiblemente dispares y abundan las clasificaciones que procuran dar cuenta de esta diversidad: países de industrialización temprana, media o tardía; economías abiertas o cerradas; capitalismo renano versus capitalismo norteamericano; etc. Pero hay al menos un rasgo que les ha sido común a todas ellas en un período histórico determinado, a pesar de las diferencias que me ocupé de destacar en las páginas que anteceden –y de muchas otras que podrían fácilmente añadirse–.

Según vimos, durante los años prósperos de la posguerra, y a ritmos diversos, se fueron levantando en los más ricos de los países capitalistas esas construcciones imponentes y sin duda heterogéneas a las que se les ha dado el apodo genérico de Estados de Bienestar. Asentadas sobre combinaciones variables de fordismo y de keynesianismo, aparecieron de este modo las primeras "sociedades salariales" de la historia. Y fue en ellas donde se hizo realidad el catálogo marshalliano de los derechos de ciudadanía, incentivado mucho más por el éxito económico que por aquel "espíritu esencial" de que hablara el sociólogo inglés.

En una etapa bastante ulterior, se democratizaron los países capitalistas pobres de la Europa meridional. Habían cambiado notoriamente para entonces las circunstancias económicas internacionales y comenzaba a prevalecer en Occidente otro clima ideológico. Pero pese a ello y a que el pleno empleo había dejado de ser la meta prioritaria de gobiernos ahora tenazmente empeñados en combatir la inflación, también allí mejoró la situación de los trabajadores y también allí una panoplia de derechos sociales se sumó a los derechos civiles y políticos.

¿Se sostiene la hipótesis clasista a la luz de la evidencia? En buena medida, sí; pero con modificaciones y agregados. Ya indiqué el impacto que tuvo en esto la guerra, tanto sobre los vencedores como sobre los vencidos, aunque por razones distintas. Por otra parte, a poco andar, los propios funcionarios de los Estados de Bienestar fueron quienes se ocuparon de proponer nuevas medidas sociales que, a la vez, les servían para que su poder se afianzara y creciese.

Sin embargo, es igualmente claro el papel decisivo que desempeñaron los sindicatos y los partidos socialdemócratas en los países escandinavos y en la Gran Bretaña de Beveridge. Lo mismo sucedió en Alemania Federal, Austria e Italia, si bien en estos casos intervinieron además organizaciones populares de otros signos políticos. Y el fenómeno iba a repetirse más tarde en Portugal, Grecia y España.

Como suele pasar, Estados Unidos constituye la excepción, dada una evolución social y política que fue siempre muy distinta de la europea. Con todo, vale la pena tomar nota de un par de cosas. La primera, que es también el sitio donde menos se desarrolló el Estado de Bienestar. La segunda, que la seguridad social fue instaurada por Roosevelt a mediados de los años treinta en respuesta a la miseria y al descontento creciente que había generado la Gran Depresión. La tercera, que este esquema recién fue modernizado por Kennedy y por Johnson en la década caliente del sesenta, cuando, entre otras cosas, se intensificó el movimiento por los derechos civiles. Y, por último, que los estudios más serios sobre el tema demuestran que siempre ha existido allí una relación directa entre la fuerza de las movilizaciones populares y la ampliación de las prestaciones sociales del gobierno. De cualquier manera, ya indiqué cómo, por otras vías (incluida la acción de los sindicatos), también en ese país se fue materializando un equivalente por lo menos parcial del catálogo marshalliano.

Sintetizo, entonces, esta parte de mi argumento: en el período que va desde el fin de la guerra hasta las postrimerías de los años setenta, y con obvias variaciones, en todos los países centrales y democrático-representativos de Occidente (comprendidos los menos desarrollados de Europa) los procesos de acumulación capitalista se desplegaron en contextos y de maneras tales que se redujeron los niveles de desigualdad social y se incrementó el bienestar de los sectores populares.

Sólo que de lo expuesto se desprende también una enseñanza que haríamos mal en ignorar teniendo como horizonte a América Latina. Y es que en la experiencia de esos países, *la burguesía nunca fue espontáneamente un agente central de democratización*; cuando mucho, y al verse obligada a ello, procuró preservar su dominación dando curso a algunas de las presiones y demandas que habitualmente surgieron desde abajo, activadas por los trabajadores y por sus organizaciones sindicales y políticas.

XIV. Legitimidad, autonomía moral
y preferencias

¿POR QUÉ han sido tan determinantes el compromiso político y la extensión de los derechos sociales a los que dieron lugar los Estados de Bienestar? ¿En qué medida contribuyeron a definir una serie de rasgos característicos de los países que menciono y que no se hallan presentes del mismo modo en otros espacios que, sin embargo, se insiste en llamar también democráticos?

Las claves de una respuesta a estas preguntas deben buscarse en tres direcciones principales. Una, concierne al carácter que designaré como *sistemático* de los derechos de ciudadanía; otra, a la necesidad de una *legitimación sustantiva* del orden político en las sociedades contemporáneas; y la tercera, a la relevancia que asume para cualquier régimen democrático el proceso mediante el cual los ciudadanos deciden sus *preferencias*. No son temas simples pero procuraré presentarlos lo más escuetamente posible.

La ciudadanía como sistema

Decir que, en un régimen democrático, los derechos de ciudadanía definidos por Marshall forman un sistema, significa dos cosas íntimamente asociadas. La primera, que existen entre esos derechos claras relaciones de implicación mutua; la segunda, que el régimen puede dejar de ser democrático no sólo si uno o más de ellos están ausentes sino también cuando su desarrollo conjunto es notoriamente desigual y/o abarca a franjas reducidas del electorado.

La "secuencia inglesa" (en una versión algo retocada y estilizada) permite comprender mejor que otras las relaciones de implicación mutua de los derechos de ciudadanía en el marco de una sociedad capitalista. Sabemos ya que los derechos *civiles* fueron una conquista difícil, que le franqueó el paso a la modernidad. Con ellos, las libertades individuales adquirían por primera vez un estatuto jurídico orgánico. Sin embargo, los privilegios económicos y la dominación política amenazaban con vaciarlo de todo contenido, ya que le imponían continuamente un sesgo de clase tanto a las leyes como a su modo de aplicación por los tribunales.

O sea que los ideales de una justicia sustantiva hacían cada vez más patente la necesidad de una extensión de los derechos *políticos* que sirviese para impedir esas distorsiones y para darle una voz audible a los excluidos –a la burguesía primero y al resto de la población después–. Es claro que, con el tiempo, se llegaría a reconocer que no puede haber un genuino debate político allí donde la privación material vulnera la dignidad y la autonomía de alguna de las partes que están supuestamente llamadas a intervenir en él en un pie de igualdad. Es decir que, para tener sentido, este debate dependía, a su vez, de una amplia difusión de los derechos *sociales*.

Es importante indicar de inmediato que esta lógica de la implicación entre las dimensiones de la ciudadanía no marcha en una sola dirección, como podría sugerirlo mi esquemática reseña de la "secuencia inglesa" (en Suecia, por ejemplo, los derechos políticos se establecieron antes de que se generalizaran los derechos civiles). Pero lo fundamental es que, en sede democrática, la ausencia o la debilidad de cualquiera de esas dimensiones afecta a las demás. Un régimen populista autoritario, por ejemplo, no constituye un verdadero Estado de Bienestar por el solo hecho de otorgar una serie de derechos sociales mientras cercena los derechos civiles y políticos. Después de todo, fue Bismarck quien promulgó las primeras leyes de seguridad social en el marco autocrático del Imperio Alemán; y en la Rusia stalinista el pueblo recibía beneficios sociales muy palpables sin que hubiera asomos de democracia o de proceso justo. Otro tanto sucede cuando un gobierno oligárquico promueve formalmente los derechos políticos, pero no garantiza las libertades civiles ni ciertos estándares mínimos de protección social.

Establecido así el carácter sistemático de los derechos de ciudadanía –y teniendo en cuenta la pregunta que formulé más arriba acerca de la índole particular de la democracia en los lugares donde ha operado el catálogo marshalliano–, me falta añadir algo. *No se trata de que gocen del conjunto de esos derechos sólo algunos sectores de la población, sino una mayoría que sea lo más extensa posible.* Ésta es la peculiaridad histórica de los Estados de Bienestar a los cuales me referí: dilataron como nunca antes había ocurrido los límites de la ciudadanía plena o, dicho a la inversa, redujeron notablemente el número de los ciudadanos *semi-plenos* y de los *no ciudadanos*.

Breve excursión a la India

Llegados a este punto, quizás contribuya a clarificar mi planteo hacer una rápida mención del caso de la India, que se precia de ser "la democracia más grande del mundo". Porque ¿qué significado genérico se le puede atribuir en verdad al sufragio en un país donde la mitad de la población tiene un ingreso anual per cápita apenas superior a los 100 dólares? ¿Dónde bastante más de trescientos millones de votantes están por debajo de la línea de pobreza? ¿Dónde la tasa de alfabetización no alcanza al 50% –o a la mitad de esta cifra entre los intocables– y se acerca al 70% en el caso de las mujeres? ¿Dónde la seguridad social es un lujo reservado a los empleados públicos y a sólo una parte del limitado sector formal de la economía? Cuando se habla aquí de parecidos de familia sin tomar en cuenta la violencia y la corrupción endémicas que afectan a la vida política de la India se corre con frecuencia el riesgo de concederle mucha más atención a la forma que al contenido.[31]

No digo esto en detrimento de las efectivas libertades públicas que allí existen ni de las tradiciones institucionales que el país heredó del *civil service* inglés. Son adquisiciones incuestionablemente muy valiosas, que deben ser resguardadas y extendidas. Sólo que –como advirtió tempranamente el Mahatma Gandhi pero no entendió del mismo modo Jawaharlal Nehru– el legado británico incluía también fuertes elementos de autoritarismo estatal y de sectarismo político. Por eso, dada la primacía que, a falta de una clase hegemónica, le correspondió siempre en la India al gobierno, casi todo ha dependido –en clave schumpeteriana– de la calidad del liderazgo del momento. Desde este punto de vista, creo que resulta hoy bastante claro que, a partir de mediados de los años sesenta, empezó a debilitarse y a parcializarse el esfuerzo genuino por poner en práctica los principios democrático representativos que había cobrado un fuerte impulso desde que se aprobara la Constitución de 1950.

Es cierto que, en términos generales, la India ha gozado de una economía estable, con baja inflación y un crecimiento moderado; pero también es cierto que ha tenido escaso éxito en mejorar la suerte de sus centenares de millones de pobres. La gran difusión alcanzada por la pequeña propiedad rural y urbana ha limitado comparativamente el nivel de desigualdad; pero, en este caso, no ha evitado el atraso, la miseria y la sumisión, no ha contribuido a la innovación cultural ni ha logrado constituirse, hasta ahora, en un cimiento confiable de la vida democrática. Si algo se ha hecho ostensible a lo largo de los años es que los resultados de las elec-

---

[31] Según consigna un informe reciente: "La ineficiencia, la corrupción, la falta de responsabilidad (*accountability*) y otras formas de mala administración afectan y dañan todo, desde las escuelas hasta los caminos y la inversión extranjera" (*The Economist*, 4 de septiembre de 1999).

ciones periódicas tienen una bajísima incidencia sobre la toma de las decisiones macroeconómicas y fiscales.

Por un lado, lo que pasa por ser la política representativa equivale a menudo en la práctica a las medidas que adopta una coalición de grupos dominantes formada principalmente por los empresarios ricos del campo y de la industria y por los miembros de la burocracia estatal. A la vez, como escribe el politólogo hindú Ghanshyam Shah: "Los 'patrones' locales sobornan, dividen, cooptan, hipnotizan y aterrorizan a los pobres". Son ellos quienes se encargan de filtrar los programas sociales de manera que la ayuda apenas les llega a quienes más la necesitan y la situación del que es uno de los cinco lugares más desposeídos del mundo mejora –cuando lo hace– con cuentagotas. Como muestran los trabajos de Human Rights Watch, si algo se ha consumado en muchas partes de la India es una fusión exitosa entre el lumpen-capitalismo y la brutalidad feudal.

Obviamente, para que estas iniquidades sean posibles se requiere que los pobres no dispongan tampoco de la protección de un sistema judicial y policial que es a todas luces corrupto. Es decir que, para amplias capas de la población de la India, la falta total o parcial de derechos *sociales* efectivos redunda en una ausencia igualmente significativa de derechos *civiles*. "Un ciudadano desprovisto de apoyos sabe que, en la mayoría de los casos, no puede buscar ayuda ni en la policía ni en una administración corrupta ni en una justicia que tardará un promedio de veinte años en dar su veredicto" (*Le Monde*, 2 de octubre de 1999).

Más aún: en realidad, es la propia privación de tales derechos la que en gran medida hace que los que menos tienen hayan podido conservar sus derechos *políticos* desde hace cincuenta años porque, así como están, carecen de filo. Sucede que los miembros de la coalición dominante se valen de las urnas para dirimir sus conflictos y por eso necesitan del apoyo de una vasta cantidad de pobres para llegar al poder mediante elecciones periódicas; y a este fin apelan a dosis siempre crecientes de autoritarismo y de populismo clientelista.[32] A esto se le ha añadido, en los últimos años, un marcado ascenso de las identidades religiosas, cuya afinidad con la tolerancia propia de los modelos liberal democráticos es admitidamente módica.

De cualquier manera, como señala Pankaj Mishra, no es ésta la principal amenaza sino "la gran pobreza y las viejas inequidades de la India, junto con la violencia sin precedentes a la que ahora están dando lugar". Según este autor, es sólo la miopía tanto de los observadores occidentales como de los intelectuales de su país entrenados en Occidente la que permite que la India siga siendo tratada como una democracia liberal: "El deterioro permanente del Estado indio es un hecho frecuentemente oscurecido por un supuesto habitual y rara vez examinado acerca de la India: que es, después de todo, una democracia cuyas instituciones políticas se parecen –aunque sea superficialmente– a las del Oeste democrático" (*Times Literary Supplement*, 7 de enero de 2000).

En vista de todo ello, a un lector latinoamericano no le resultará demasiado sorprendente enterarse de que, en 1998-1999, el presupuesto militar de la India subió un 14% y hoy duplica ya el monto de todos los gastos que se realizan en educación, salud y servicios sociales. Ni tampoco saber que, según algunas estimaciones, el 70% de los políticos son corruptos y que la criminalización de la vida política va en aumento.

La distancia entre este caso y los que se consideran paradigmáticos no requiere demasiada elaboración. E invita a que empecemos a plantearnos desde ahora algunas preguntas perturbadoras sobre las

---

[32] Oigamos a M. S. Gill, comisionado electoral de las elecciones de septiembre y octubre de 1999: "Nos desesperamos por evitar que la democracia se descarrile pero las áreas de mayor violencia son también las de mayor pobreza y analfabetismo y donde está más ausente la justicia. La gente nos pide que les demos condiciones ideales de voto durante las seis semanas de las elecciones cuando algunas de esas áreas han sido abandonadas durante medio siglo" (*International Herald Tribune*, 5 de octubre de 1999).

cuales volveré: ¿cuál es la proporción de ciudadanos plenos que demanda una democracia representativa para ser digna de su nombre?; ¿cuentan los parientes lejanos como miembros de la familia democrática?; ¿bajo qué condiciones y a partir de qué parecidos? No por nada la bibliografía sobre el caso de la India ha ido dejando de ser congratulatoria y cada vez más ha pasado a tratarlo como "una excepción política".

La legitimidad sustantiva

Paralelamente a la difusión de los derechos sociales, en los países capitalistas avanzados, el Estado de Bienestar cumplió la doble y decisiva tarea de afianzar las instituciones y de asegurar su legitimidad.

Cito al sociólogo español Víctor M. Pérez-Díaz: "Puede suponerse con certeza que si la mayoría de la gente cree que el sistema económico de su país es groseramente injusto y por lo tanto inaceptable desde un punto de vista moral (sea porque le permite a una minoría de ricos explotar a una mayoría de pobres o porque deja que las disparidades de ingreso, haya o no explotación propiamente dicha, crezcan de maneras que resultan completamente injustificables) tendrá una gran dificultad en persuadirse a sí misma de que un discurso público de deberes cívicos, de respeto a la ley y de patriotismo posee algún sentido y, en verdad, de que pertenece a la misma nación que la minoría de explotadores, de personas exageradamente ricas y poderosas y posiblemente colocadas por encima de la ley".

Porque este es el *quid* de la cuestión. Como ya señalé, en los dos últimos siglos el Estado moderno de Occidente ha sido mucho más que una construcción jurídica llamada a garantizar el monopolio de la violencia legítima sobre un territorio dado y, de este modo, la soberanía. Se ha presentado, a la vez, como el portador de proyectos colectivos que, sobre todo en contextos democráticos, se constituyeron en la clave de la integración social, o sea, de la formación de grupos humanos suficientemente cohesionados.

Quiero decir: una cosa es ser miembro de un Estado, sujeto a sus autoridades y a sus leyes en tanto mero habitante de un territorio; y otra muy diferente, gozar de todos los derechos de ciudadanía y ser definido (y definirse) como participante activo en una colectividad guiada por un propósito declaradamente común. Para lo primero, alcanza con reconocerle al Estado una legitimidad *formal*; lo segundo plantea, en cambio, el problema suplementario y crucial de su legitimidad *sustantiva*, conforme ese Estado cumpla o no con los objetivos que invoca como propios o posea, en caso contrario, una credibilidad suficiente como para que resulte verosímil que logrará satisfacerlos en algún momento más o menos próximo.

Según las épocas y los lugares, aquellos proyectos colectivos estuvieron dominados por la lucha contra las tradiciones, por el nacionalismo o por los afanes de la expansión imperialista. Pero, muy claramente, desde la década del cuarenta –después de años de depresión económica, de desempleo masivo y de guerra–, el crecimiento industrial, la ocupación plena y la prosperidad se instalaron como los ideales sustantivos por excelencia.

Más todavía cuando, en el marco cada vez más duro de la Guerra Fría, las democracias capitalistas debían demostrar que estaban en mejores condiciones que sus enemigos para responder a las demandas de la población. (En lo que probaría ser uno de sus errores garrafales, a fines de los cincuenta Nikita Khruschev visitó los Estados Unidos y lanzó su famoso desafío de que, en unos pocos años, el nivel de vida de los trabajadores soviéticos no sólo emparejaría sino que superaría con creces al de los norteamericanos. En esta forma, aceptaba los valores de la sociedad de consumo como criterios de medición universales y entraba en una competencia que no tenía ninguna posibilidad razonable de ganar).

Así planteado, el tema de la legitimidad trasciende el plano de las creencias individuales para adquirir a la vez una importante dimensión objetiva. Es que las instituciones de una sociedad no constituyen solamente sistemas de reglas o modos de organizar y de distribuir funciones. Son siempre la puesta en acto –más o menos fiel, más o menos distorsionada– de ciertos valores, ideas y normas. De ahí que éstos se expresen concretamente a través de ellas y de las prácticas que las caracterizan; y es por eso que unas y otras –las instituciones y las prácticas– pueden ser pensadas como una especie de lenguaje objetivo que habla la sociedad.[33] Mediante este lenguaje se va articulando un discurso público que se sitúa en un nivel distinto que el de las palabras, incluidas las que usan las autoridades o los dirigentes políticos.

Cuando este discurso público no resulta demasiado disonante con la realidad tal cual es vivida e interpretada por los ciudadanos, se crean las condiciones para que éstos desarrollen una creciente confianza en las instituciones y se identifiquen con ellas, basados en la convicción de que a los demás les sucede lo mismo, esto es, que participan de esa confianza y de esa identificación y del respeto a las reglas que ellas suscitan. Contrariamente, cuando no existe tal correspondencia, cuando la policía o la administración de justicia dejan de ser imparciales o se expande la corrupción política, el orden institucional va perdiendo sentido, cada uno supone que el resto experimenta un desencanto similar y se ingresa en un período de repliegue y de alienación generalizados.

Traducido a estos términos, lo que busco establecer es que –más allá de los procesos de marginalización y de empobrecimiento también presentes– en esos años dorados de la posguerra y en los países a los cuales me he referido, el discurso público de la abundancia capitalista y de la democracia liberal que transmitían las instituciones fue haciéndose plausible para amplias capas de la población. Y mucho más, reitero, en contraste con las noticias que llegaban desde

---

[33] Este tema, de inspiración hegeliana, ha sido muy bien desarrollado por el filósofo canadiense Charles Taylor.

detrás de la cortina de hierro y con las penosas realidades de las áreas subdesarrolladas que los habitantes del Primer Mundo iban conociendo a través de los viajes y de los medios de comunicación.

Con ello, no sólo aumentó la legitimidad sustantiva de los Estados capitalistas avanzados, sino que ésta echó raíces muy firmes, al punto que el debate político debió ceñirse desde entonces a sus parámetros y las prédicas revolucionarias siempre tuvieron allí un eco bastante reducido. Como ya diré, cuando se disipó el fulgor de los "treinta gloriosos" y empezó a debilitarse seriamente la sociedad salarial, contra lo que muchos pronosticaron no fue exactamente esa legitimidad la que primero entró en crisis sino más bien la de algunos actores particulares, como los sindicatos y, en general, los partidarios de una fuerte intervención estatal.

Libertad positiva y preferencias

En páginas anteriores me ocupé de poner en relación al Estado de Bienestar con el tema de la *igualdad*, subrayando la medida en que contribuyó a una redistribución progresiva del ingreso. Ahora quisiera decir una palabra acerca de su vínculo no menos importante con el tema de la *libertad*. Irónicamente, es un asunto que ha sido oscurecido en estos años por la cerrada oposición neoliberal al Estado de Bienestar, esto es, por la resistencia deliberada que le han hecho quienes se proclaman defensores a ultranza de la libertad.

La razón de esta aparente paradoja es bastante cristalina. De Hobbes en adelante, se difundió en varias formas una concepción de la libertad denominada *negativa* porque se la define simplemente como la ausencia de obstáculos externos para la acción individual. Desde este punto de vista, ser libre es poder hacer lo que uno quiera, dentro de los límites que imponga la ley. Se entiende sin necesidad de muchas explicaciones la afinidad electiva que existe entre esta posición y el status de los sectores más privilegiados de la sociedad. Frente a ella se ha levantado –también con manifestaciones distintas– la visión *positiva* de la libertad como auto-realización, como control sobre la propia vida.

Para esta segunda postura, puede haber elecciones subjetivas que se realicen en ausencia de obstáculos externos y que, sin embargo, no sean libres. ¿Por qué? Porque, según las condiciones del contexto, tales elecciones pueden ser un emergente de la misma coerción económica y social que sufren los sujetos, de su falta de educación, de una privación material que los obliga a aceptar protectores y a someterse a sus directivas, etc.[34] Sólo que se vuelve inevitable una pregunta: ¿no hay acaso aquí un germen de peligro totalitario? Si la elección subjetiva ha tenido lugar en ausencia de obstáculos externos, ¿quién puede arrogarse el derecho de cuestionarla sino aquel que crea saber más y se autorice en la inspiración divina, en las leyes de la historia o en la pureza de la raza para emitir su dictamen –con las consecuencias que todos conocemos–?

Me apresuro a decir que nada es más ajeno a ese germen que el "espíritu esencial" al que se refería Marshall, desde cuya óptica nadie está investido de la autoridad necesaria para formular válidamente un cuestionamiento semejante. El problema es otro y puede sintetizarse así: todo compromiso con la libertad implica también un compromiso con *las precondiciones sociales de la libertad*. Si éstas no se hallan presentes, si no existe esa "igualdad básica de condición" de que hablaba Tocqueville, si el sujeto no dispone de una cuota mínima de dignidad y está dominado por miedos tan elemen-

---

[34] Es bueno recordarles a los neoliberales que, en el siglo XIX, el liberalismo tendió a oponerse al sufragio universal temiendo que la posición dependiente de los trabajadores rurales, por ejemplo, los condujese a votar naturalmente por los notables locales en contextos fuertemente patriarcalistas. Fue el gran tema de debate en la Asamblea Nacional alemana de Frankfurt, en 1848-1849. Como escribiría unos pocos años después un constitucionalista noruego: "El sufragio… debe reservarse para los ciudadanos que tienen el *juicio* suficiente como para comprender quiénes pueden convertirse en los mejores representantes y la *independencia* necesaria como para poder mantenerse firmes en sus convicciones".

tales como el de no lograr sobrevivir, se sigue que carece entonces de autonomía y que su presunta libertad se convierte en apenas un simulacro.[35] El Estado de Bienestar es el encargado de garantizar esas precondiciones y esto no implica intervenir en la elección subjetiva sino hacerla auténticamente posible.

Por eso, Claus Offe tiene razón cuando afirma que el buen ciudadano no se define por las preferencias que expresa sino por el modo en que llegó a tenerlas. Desde luego, esto no cuenta para el neoliberalismo de inspiración neoclásica que está hoy en boga. Opera del mismo modo cuando se trata de las relaciones de mercado que cuando se trata de la política, esto es, considera en ambos casos que las preferencias son individuales y exógenas y deben tomarse por dadas, cualquiera haya sido su origen.

En cambio, los efectos de la ciudadanía social se manifiestan justamente en el espacio donde se forman las preferencias y no –insisto– porque dicten su contenido o porque exijan siquiera una participación política activa. Simplemente, porque contribuyen a que esa formación sea lo más autónoma posible y ponen a disposición de ella una serie de recursos indispensables en términos de ingresos, educación, conocimientos, información, capacidad para el diálogo y la deliberación, etc. Que el individuo se valga o no de estos medios o que los use con inteligencia, es otra historia. Pero basta con recordar el ejemplo de la India para comprender toda la significación que poseen.

Más aún que la importancia de la autonomía no se agota en el acto de votar. Es también una de las condiciones para poder intervenir competente y reflexivamente en ese amplio espacio asociativo que se sitúa entre el Estado y el mercado y al que se designa con el nombre de sociedad civil. Confieso mis reservas respecto del

---

[35] Lo dijo hace años, de modo inmejorable, el socialista francés León Blum: "Toda sociedad que quiera asegurar a los hombres la libertad debe empezar por garantizarles la existencia".

vínculo inmediato y unidireccional que se ha puesto de moda establecer entre el desarrollo de la sociedad civil y la democracia. Después de todo, Alemania y Austria se entregaron al nazismo en medio de una intensa vida asociativa y los miembros del Ku-Klux-Klan suelen participar con mucho ahínco de las organizaciones comunitarias. Y es evidente que en las dos últimas décadas se han multiplicado las organizaciones voluntarias que son albergue de "neotribalismos reaccionarios", según la expresión de Lash y Urry. Pero dicho esto, y aunque no sea condición suficiente, una sociedad civil activa se vuelve un requisito indispensable del proceso de democratización en la medida en que, por un lado, constituya, agregue y redefina intereses pluralistas, genere zonas de igualdad y solidaridad y estimule el diálogo y la confrontación de opiniones; y, por el otro, levante barreras y le ponga límites a los eventuales desbordes de los funcionarios y de los aparatos del Estado.

XV. De los Treinta Gloriosos
a la Gran Recesión

EN LOS países capitalistas avanzados, el boom de la posguerra comenzó a disiparse a mediados de los años sesenta; y empujado después por las dos crisis petroleras de la década siguiente y por la competencia asiática, acabó cediéndole su lugar a "la Gran Recesión" de los noventa.[36] Es imaginable que, según especulan algunos observadores, fenómenos como éstos no sean más que la cara visible del complejo proceso de transición de una "sociedad industrial" a una "sociedad de la información". Pero una discusión de tendencias de largo plazo como ésta resulta aquí ajena a mis propósitos.

Lo cierto es que los principales indicadores del desempeño económico de esos países confirman la imagen recesiva: en el período 1973-1997 todos esos indicadores han sido entre un 30% y un 50% más bajos que los del período 1950-1973 a la vez que, en promedio, la tasa de desempleo se duplicó. Como señala Paul Krugman, si bien no puede decirse que la economía mundial esté hoy en depresión, es claro que vuelve a enfrentar el mismo tipo de problemas estructurales que la agobiaron en la década del treinta. Y ello a pesar de los buenos niveles de crecimiento que registraron en 1999 los miembros de la Organización para la Cooperación y el Desarrollo Económico (OCDE), claramente liderados por los Estados

[36] La expresión entrecomillada pertenece a Emmanuel Todd, quien advierte que la actual crisis capitalista es mucho más lenta que la de 1929 por dos razones que las diferencian: una, que hoy las redes de protección social de los países avanzados contribuyen a sostener allí la demanda; y la otra, que no hay creencias colectivas fuertes que amenacen el equilibrio político.

Unidos, y de un leve descenso en el porcentaje promedio de desocupación.

Pero los cambios ocurridos no han sido solamente económicos.
Uno muy importante en términos de nuestro análisis concierne al
modo en que se ha redefinido el papel del Estado en la mayoría de
esos lugares. Después de detentar durante más de dos siglos el rol de
verdadero demiurgo de la historia, desde hace un par de décadas no
sólo ha perdido poder con una rapidez sorprendente sino que acabó siendo satanizado por el neoliberalismo como el responsable
directo de casi todos los males contemporáneos.

Sin duda, además de los déficits fiscales en aumento han existido varias razones objetivas para que esto sucediese. Así, el espectacular desarrollo de las nuevas tecnologías redujo a un mínimo las
distancias, facilitó una extraordinaria expansión de los mercados a
escala mundial e hizo que la competencia por controlar porciones
de estos mercados se volviese mucho más importante que la antigua
competencia por los territorios. Esta erosión del valor de las fronteras físicas –cuya custodia ha sido siempre una de las principales razones de ser de los Estados– fue consecuencia de la caída de las barreras
comerciales, que se aceleró desde fines de los años cincuenta (en el
último medio siglo, el comercio mundial se multiplicó por quince);
de la fenomenal escalada de las transacciones financieras a partir de
la década del sesenta (hoy alcanzan un promedio de 1.500.000 millones de dólares por día, cifra superior a las reservas de todos los bancos centrales del mundo juntos); y de la formación de poderosos
bloques regionales (lo cual hace, por ejemplo, que alrededor de la
mitad de las leyes internas de los países miembros dependa actualmente de las decisiones que adopta la Unión Europea).

Pero las razones objetivas no alcanzan por sí mismas para dar cuenta del sesgo particular que adquirieron las transformaciones que se
produjeron. Para entenderlo, es necesario volver al compromiso político en el que se sustentó la democracia capitalista de la posguerra, a ese "acuerdo keynesiano" que aseguró el pleno empleo y la

implementación de políticas sociales incluyentes, financiadas por un sistema tributario de carácter progresivo. Porque si bien este acuerdo aceptó como límite las puertas de la empresa y no se propuso afectar las relaciones de poder en su interior, en la práctica terminó por hacerlo, al minar ese potente instrumento capitalista de regulación de la fuerza de trabajo que fue siempre el desempleo.

Es verdad que, con las crisis de los años setenta, el número de desocupados aumentó junto con la recesión. Pero, a pesar de ello y de manera anómala, también subieron los precios. Este fenómeno nuevo de estancamiento con inflación (*stagflation*) redujo sensiblemente las tasas de ganancia, sobre todo en la industria, y fue atribuido por los principales agentes económicos a dos factores concurrentes. Por una parte, la politización de los mercados de trabajo, que impedía ajustar costos mediante la reducción de los salarios reales, dada la resistencia que oponía la mano de obra ocupada y sindicalizada (lo que dio en llamarse "rigidez a la baja"). Y, por la otra, los gastos excesivos de un Estado de Bienestar al que se hacía responsable de esa politización y de sostener la demanda efectiva a contramano del ciclo económico. Desde esta perspectiva, los treinta gloriosos dejaban un saldo funesto: habían terminado por debilitar de modo abusivo a los capitalistas y por fortalecer en forma exagerada a los trabajadores y a sus organizaciones.

En esta línea, se publicó en 1975 un estudio que resultaría muy influyente y que dio la tónica de los tiempos por venir. Había sido encargado por la Comisión Trilateral (integrada por varios de los más poderosos grupos económicos del mundo), lo firmaban tres expertos reconocidos y su título era elocuente: *La crisis de la democracia. Informe sobre la gobernabilidad de las democracias*.[37]

La noción de "exceso" dominaba el libro. Los países industrializados enfrentaban problemas crecientes de gobernabilidad debido

---

[37] Los autores del estudio fueron dos sociólogos (el francés Michel J. Crozier y el japonés Joji Watanuki) y un politólogo (el norteamericano Samuel P. Huntington).

a "un exceso de democracia" que había ejercido "una influencia ni-
veladora y homogeneizante" en detrimento de "las desigualdades en
autoridad y las distinciones en función" que requiere toda organización social. Paralelamente, un exceso de participación política y
la creciente expectativa de que el gobierno debía encargarse de
satisfacer las necesidades de la gente habían generado una sobrecar-
ga de demandas sobre las autoridades públicas a las cuales éstas no
se encontraban en condiciones de responder. Más aún cuando la dinámica propia de cualquier sistema democrático, decían los autores, tiende a empujar a los gobernantes a ocuparse del desempleo,
mientras que los inhibe de tratar eficazmente el tema de la inflación. En este sentido, concluían, "la inflación es la enfermedad económica de la democracia" y por eso se imponían ajustes muy severos
si se deseaba remediar el deterioro institucional y detener la crisis
de gobernabilidad.

Quedaban planteados así los contenidos principales del que pa-
saría a ser el discurso de la nueva derecha, que llegó por primera
vez al poder en Gran Bretaña en 1979, de la mano de Margaret
Thatcher. La lucha contra la inflación reemplazaba al pleno empleo como nuevo eje central de la política económica; la primacía
que se le había otorgado hasta entonces a la igualdad como valor
colectivo era expresamente cuestionada; y se intentaba poner por
primera vez en el banquillo de los acusados al Estado de Bienestar
de la posguerra.

Entre otros argumentos, desde entonces se dijo en su contra que
su financiamiento exige cobrar altos impuestos que afectan la capacidad de inversión; que el sector público despoja así al sector privado (supuestamente más productivo) no únicamente de ahorros
sino también de recursos humanos valiosos; y que la generosa protección que les dispensa a los ciudadanos conduce a desincentivar-
los para el trabajo.

Se iniciaba así un giro ideológico radical, al que la crisis del comunismo y la mundialización creciente de las relaciones econó-

micas iban a darle un impulso decisivo. Hasta entonces (y gracias, en buena medida, a los planteos keynesianos), se entendía que era de interés general concebir al salario de los trabajadores no sólo como un costo sino también como un ingreso, del cual dependía la salud del consumo en los mercados domésticos. Ahora, especialmente las grandes empresas se dedicaban a operar a escala global, ponían su mira en mercados que no eran exclusivamente los nacionales y, en aras de la competitividad, trataban al salario sobre todo como un costo —y un costo que había que reducir—.

Algunos de los resultados no se hicieron esperar: aumentaron la desocupación, el subempleo, la precarización laboral y la pobreza. Y con ellos, las presiones sobre un Estado de Bienestar que se veía desbordado, al tiempo que los grandes grupos económicos y sus ideólogos se empeñaban en desacreditarlo cada vez más, convirtiéndolo en el principal culpable de lo que ocurría.

XVI. Los Estados de Bienestar en transición

EN TÉRMINOS generales, y más allá de su valor retórico, los argumentos económicos esgrimidos contra los Estados de Bienestar de la posguerra demostraron poseer un fundamento empírico tan exiguo como poco convincente.[38] Desde luego, esto no impide que hayan producido efectos ideológicos y políticos considerables aunque, por último, no (y es lo que aquí importa) de la entidad que pretendieron darle inicialmente sus impulsores.

Pasa que, de todas maneras, como le sucede después de un tiempo a cualquier institución inserta en contextos que se hallan en continua transformación, tales Estados de Bienestar necesitaban ser reestructurados. Pensados para sociedades salariales relativamente homogéneas donde la industria ocupaba un papel central y el pleno empleo permitía repartir los riesgos entre muchos, fueron varios y complejos los cambios que los desquiciaron, según las características particulares de estos cambios y de esos Estados (y de la competencia y facilidad de adaptación de sus burocracias).

En primer término, en todas partes se modificaron y se fragmentaron las estructuras ocupacionales. En apenas una generación el número de trabajadores de fábrica descendió, en promedio, a menos de un 20% de la población económicamente activa, al tiempo que cre-

---

[38] Una buena fuente para el lector interesado en este tema –que aquí sólo puedo mencionar– son los análisis estadísticos realizados, entre otros, por Lane Kenworthy. Conviene agregar que un hallazgo reiterado de los estudios que publican periódicamente la OCDE y la Unión Europea es que un alto nivel de protección social no representa un obstáculo para el desarrollo económico y que incluso lo favorece.

cía el heterogéneo mundo de los servicios; se segmentaban fuertemente los mercados de trabajo; y, como dije, tanto la desocupación como la subocupación y la precarización del empleo se convertían en fenómenos masivos y persistentes. En segundo lugar, se produjo una incorporación en gran escala de las mujeres a la fuerza de trabajo. No sólo la familia trabajadora con el marido como único sostén fue dejando así de constituir la norma sino que también se multiplicó con rapidez la proporción de hogares monoparentales. Simultáneamente, la aceleración del cambio técnico y el crecimiento de la pobreza, de la criminalidad y del consumo de drogas alcanzaron niveles antes desconocidos, que excedieron en mucho las capacidades hasta entonces desarrolladas por los Estados de Bienestar.

Más todavía que estos últimos terminaron siendo víctimas, en parte, de su propio éxito: por ejemplo, gracias a sus cuidados, desde 1960 las expectativas de vida de la población subieron continuamente y en varios países el número de ancianos casi se duplicó, haciendo más pesada la carga de las demandas sobre la seguridad social y sobre los servicios públicos en momentos en que disminuía el número de contribuyentes, debido tanto al desempleo como al bajo incremento demográfico de la población. Todo esto sin mencionar el impacto presupuestario de una notable expansión de las matrículas educativas y, en general, de las presiones por acceder a los bienes culturales, promovidas, entre otras causas, por los mismos cambios técnicos que alteraron las estructuras ocupacionales.

Breve e incompleto como es, hay que incluir también en este listado a las hipertrofias burocráticas del sector público, donde crecieron y desarrollaron sus propios intereses amplios segmentos de funcionarios especializados en la promoción de políticas sociales, muchas veces superpuestas, contradictorias o simplemente autorreferenciales.

La concurrencia de éstos y otros factores llevaron, como digo, a que muchos dirigentes políticos (sobre todo los de inspiración neoliberal) concentraran buena parte de sus críticas en los Estados de

Bienestar. Paradójicamente, la prosperidad de la posguerra había abonado el terreno para que así sucediese: tal como pronosticara Galbraith en los cincuenta, en sociedades afluentes la figura del consumidor fue reemplazando cada vez más a la del ciudadano y, según advirtiera Marshall en los sesenta, el individualismo posesivo fue socavando paralelamente el concepto de legitimidad basado en los principios de la solidaridad y de la justicia social.

Sin embargo, en términos generales los Estados de Bienestar de las naciones desarrolladas siguieron creciendo, a pesar de que a fines de la década del setenta los déficits fiscales de la República Federal Alemana, Bélgica, Gran Bretaña, Italia, Japón y Suiza ya superaban el 5% del PBI y alcanzarían después al 7%. Más todavía: entre 1960 y 1994, el gasto público promedio de los países de la OCDE se duplicó, llegando a casi la mitad del PBI; y, a la vez, la tasa promedio de impuestos al capital (de sesgo claramente redistributivo) pasó de alrededor del 30% en los años setenta a cerca de un 40% en los noventa.

Ciertamente, hubo diferencias nacionales muy importantes. Allí donde el Estado de Bienestar había sido marginal y se cuidó siempre de no crear desincentivos al trabajo, como ocurrió típicamente en los Estados Unidos, se reestructuraron prestaciones, se cortaron subsidios y en 1988, bajo el gobierno de Reagan, se reformó el *Family Support Act*, sujetando la ayuda financiera a los necesitados a que éstos se enrolasen efectivamente en programas de educación y de entrenamiento que permitieran reinsertarlos en la fuerza laboral y reduciendo a cinco años el tiempo máximo en el que se puede recibir ayuda del Estado.[39] En ese mismo año, en Gran Bre-

---

[39] En la actualidad, pese a nueve años de expansión económica y a bajas tasas de desempleo, el fenómeno de la pobreza sigue siendo muy grave en los Estados Unidos y afecta a uno o a dos de cada diez norteamericanos, según el criterio de medición que se use. Peor aún: casi uno de cada cinco niños vive allí en la pobreza (una tasa que duplica a la de los principales países europeos) y lo mismo le ocurre a una de cada cuatro familias negras (véanse estos y otros datos en *The Economist*, 20 de mayo de 2000).

taña, el gobierno Thatcher realizó cambios muy similares, sólo que en este caso torciendo una tradición que, como vimos, trataba de separar a los derechos sociales de las vicisitudes del mercado. También se adoptaron medidas parecidas en Australia y en Nueva Zelanda.

Según señalaría en 1998 Robert Solow, Premio Nobel de Economía, el principal problema de reformas como ésas es que, si quieren lograr realmente los objetivos que proclaman, deben generar ellas mismas puestos de trabajo plenos para los asistidos, ya sea en el sector público o subsidiando al sector privado, lo cual, lejos de aliviar el gasto público, lo aumenta. De todas maneras, aquí me interesa subrayar que, sin perjuicio de las modificaciones que pusieron en práctica y pese a sus propósitos reiteradamente declarados, ni Thatcher ni Reagan tuvieron la fuerza política suficiente como para desmantelar sino en forma bastante parcial los Estados de Bienestar de sus respectivos países. (Es ilustrativo que David Stockman, uno de los principales colaboradores de Reagan, renunciase por eso mismo a su cargo, denunciando al presidente por no llevar adelante la "revolución" contra el intervencionismo estatal que había prometido.)

En esta materia, la evolución que experimentaron los miembros continentales de la Unión Europea es aún más significativa porque si, por una parte, redefinieron y acotaron los alcances de muchas de sus políticas sociales, por la otra establecieron el derecho a un ingreso mínimo de los ciudadanos e impulsaron políticas activas de empleo, tanto del lado de la oferta (programas de formación, de reciclaje, etc.) como de la demanda (reducción del tiempo de trabajo, contratos de tiempo parcial, etc.).[40] El denominador común de estas medidas es la intervención directa en el proceso de distribu-

[40] Son ya varios los países de Europa donde rige el salario mínimo garantizado, concebido como un derecho de los ciudadanos y, por lo tanto, de carácter universal y de duración ilimitada.

ción del ingreso a través de leyes y de regulaciones en vez de redistribuir *a posteriori* apelando a medidas fiscales como los impuestos o las transferencias de seguridad social. Pero no sólo esto. Debe tenerse también en cuenta que, en esas naciones, el gasto social promedio, que se acercaba al 25% del PBI en 1980, había crecido en 1994 a casi el 35% y estaba destinado en el 80% a pensiones y a salud. En verdad, el gasto social se expandió sostenidamente desde la década del setenta, sólo se contrajo entre 1984 y 1990 (cuando aparecieron muchos estudios que anunciaban el fin del Estado de Bienestar) y siguió ampliándose en los últimos años.

En esos países, una de las discusiones actuales más acuciantes gira precisamente en torno a la medida en que la protección social debe seguir siendo un área propia de los Estados nacionales o convertirse en uno de los temas prioritarios de la Unión Europea en su conjunto. Por ahora, no existe nada que se aproxime a un modelo social europeo y las apelaciones a una "Europa social" sólo designan una aspiración. Sin embargo, conviene tener en cuenta que el Informe dado a conocer en 1997 por el Comité de Sabios que nombró al efecto la Comisión europea, concluye claramente que *sin una verdadera seguridad económica no puede existir la ciudadanía*. Además, con el Tratado de Amsterdam, suscrito en ese mismo año por los países miembros, regresa el lenguaje de los derechos sociales fundamentales y se incorpora por primera vez la cuestión del empleo como "una cuestión de interés común" para toda la Unión Europea. Es decir que no sólo la importancia del Estado de Bienestar está muy lejos de haberse agotado a nivel nacional, sino que hoy el debate sobre las perspectivas de una "ciudadanía europea" es en realidad una discusión acerca de la posibilidad de que se logre articular o no una "ciudadanía social europea".

XVII. La problemática de la exclusión social

AUNQUE este esbozo de la evolución de los casos de democracias capitalistas que se consideran paradigmáticos sea de trazo muy grueso y atienda sólo a algunos de sus aspectos, no parece conveniente cerrarlo sin antes despejar una contradicción aparente.

Por un lado, como digo, los Estados de Bienestar se hallan en proceso de reestructuración, pero gozan todavía de buena salud y las medidas que buscan restringirlos fueron y son cada vez objeto de intensos conflictos sociales y políticos. Por el otro, sin embargo, desde fines de los años ochenta se ha replanteado con fuerza en esos países la problemática de la exclusión social como uno de los principales prismas a través de los cuales se experimenta y se explica la realidad. Comprender por qué esto es así aporta nuevas claves acerca de la relación entre democracia y derechos sociales en el mundo contemporáneo.

Ante todo, resulta revelador el hecho mismo del replanteo al que aludo. Sucede que los primeros estudios europeos sobre la exclusión social habían aparecido en los años sesenta y setenta, en el marco de las sociedades salariales exitosas. Apuntaban a ser precisamente su mala conciencia, mostrando que todavía existían personas que quedaban fuera de las amplias redes de protección social que se habían establecido: los prisioneros, los drogadictos, los discapacitados, los enfermos mentales, etc. En buena parte de los casos, se los veía como supervivencias de un pasado que sería eliminado por el progreso. El tema perdió luego visibilidad; y cuando reingresó a la literatura de la última década, ya había cambiado su sentido. Designa desde entonces a una fuerte y generalizada crisis del lazo social y, por eso, se refiere mucho más a procesos y relaciones que a grupos particulares de individuos. Pero, sobre todo, no es una exclusión definida como residual sino que ahora se la considera un producto directo del propio orden socioeconómico de nuestros días.

Aunque se refiere a Francia (a no dudarlo, un caso con rasgos propios), la descripción que hace Emmanuel Todd puede ser fácilmente extendida a otras naciones desarrolladas. Hasta el final de los años setenta, afirma, todos soñaban allí con hacerse ricos. Imagen que fue reemplazada en la década siguiente por la de una sociedad estacionaria, donde había minorías victimizadas pero en la cual tres cuartas partes de la gente tenía asegurado, de todas maneras, un alto nivel de vida. Finalmente, a mediados de los noventa se ingresa a "la pesadilla de una regresión sin fin, de un empobrecimiento de sectores cada vez más amplios de la población, de un inexorable aumento de las desigualdades". Las encuestas disponibles confirman la lectura de Todd: según la realizada por CSA-La Rue en septiembre de 1995, por ejemplo, más de un francés sobre dos temía volverse un excluido y más de uno sobre diez consideraba que ya lo era.[41]

El panorama no es más rosado del otro lado del Atlántico. Es verdad que la economía norteamericana ha ingresado al 2000 en medio de la mayor expansión continuada de la que goza desde los años cuarenta. Sin embargo, un reciente informe del Instituto de Política Económica de Washington revela que, a pesar de la prosperidad, han caído las remuneraciones de casi el 65% de la fuerza laboral del país. No sólo esto: en las últimas dos décadas, se incrementó la

---

[41] Véase, en el mismo sentido, el cuadro que, casi cinco años más tarde, viene de trazar Jean-Louis Andreani en *Le Monde* (11 de febrero de 2000): "el clima social se halla constantemente marcado no sólo por el temor a la desocupación y a los despidos sino también por una tensión a flor de piel que hace que la más mínima reivindicación localizada, en términos de tiempo de trabajo o de salarios, pueda desembocar en movimientos de huelga puntuales, como ha sucedido en los transportes públicos y privados".

desigualdad de un modo notable. Es así que, por ejemplo, la participación en el ingreso del 20% más rico de la población creció en este lapso un impresionante 55% en tanto que la del 20% más pobre disminuyó en un 6%, con lo cual los primeros reciben por lo menos un 1.000% más que los segundos (véase *La Nación*, 5 de febrero de 2000).[42]

Para percibir mejor lo que está ocurriendo ahora, es útil contrastarlo con lo sucedido en los comienzos de la civilización industrial. Entonces, la exclusión era definida sobre todo en clave política: una clase obrera que se incorporaba en grandes números al sistema productivo exigía que se le diesen los mismos derechos que a los demás. Su objetivo era entrar. Hoy, en cambio, la exclusión es definida en clave sobre todo socioeconómica y da testimonio de la crisis de la sociedad salarial de la posguerra: ciudadanos perfectamente normales e integrados corren a diario el riesgo de ser declarados inútiles o redundantes y de verse lanzados así a la precariedad y a la pobreza. Su objetivo es no salir.[43]

Son varios los elementos que sobredeterminan este fenómeno, pero todos convergen en un tema: sociedades organizadas desde hace dos siglos en torno al valor supremo del trabajo como medio de ganarse la vida y como prenda de realización moral, cuya culminación fueron aquellos "treinta gloriosos" del pleno empleo y del bienestar económico, no están ya en condiciones de proporcionar trabajo a todos sus miembros ni pueden garantizarles tampoco ca-

[42]   En Gran Bretaña, cuna de la experiencia neoliberal, a comienzos de la década del setenta el ingreso del 10% más rico de la población era tres veces superior al del 10% más pobre. A fin de los años noventa, la diferencia había subido a cuatro veces. En términos de riqueza patrimonial (y no ya de ingreso), en 1996 el 10% de la población era dueña de más del 50% y el 50% sólo disponía del 7% (*Guardian Weekly*, 18 de mayo de 2000).

[43]   Autores del Primer Mundo como Susan George lo ponen en términos todavía más brutales. Durante siglos, dice, la pregunta clave fue: "¿qué jerarquía ocupa cada uno en la escala social?". Las grandes revoluciones burguesas la reemplazaron luego por otra: "¿quiénes se llevan las mejores tajadas del pastel?". Hasta que hoy, con la globalización, el interrogante principal es sencillamente: "¿quién tiene derecho a sobrevivir y quién no?".

rreras ocupacionales estables y bien remuneradas a quienes consiguen empleo.[44] Si a esto se le suman hechos tan relacionados con el mismo asunto como la competencia supuesta o real de los inmigrantes (estigmatizados como extranjeros incluso en la segunda generación) y una extendida desinstitucionalización de los vínculos familiares, con el consiguiente debilitamiento de las solidaridades primarias, sorprende bastante menos que se hayan difundido tan notoriamente la inseguridad y la incertidumbre por más que sobreviva el Estado de Bienestar.[45]

Porque lo importante es que hoy, insisto, la exclusión no designa tanto a categorías o grupos específicos sino a procesos que ponen en crisis a los lazos sociales establecidos y que constituyen una amenaza palpable para fracciones muy amplias de la población. Por eso las políticas sociales del Estado de Bienestar resultan necesarias pero no son suficientes: alivian las urgencias (mucho más, como se sabe, en Europa que en los Estados Unidos) pero no llenan el angustiante vacío de proyectos de quienes temen quedar afuera o ya lo están.

De esta situación surge una paradoja notable: exactamente cuando las democracias capitalistas le han ganado la partida al comunismo, se inicia su propio desencantamiento. Los políticos alegan que los Estados nacionales poco pueden hacer ante las fuerzas de la globalización y reconocen de este modo cuánta significación han per-

---

[44] En septiembre de 1999, la transnacional francesa *Michelin* hizo un doble anuncio: que sus utilidades semestrales habían aumentado en casi el 20% y que en los próximos tres años eliminaría 7.500 puestos de trabajo. Todo un símbolo de la época.

[45] Según los Informes de la OCDE publicados en 1997, "la inseguridad laboral percibida por los trabajadores está más difundida en esta década en todos los países de la OCDE para los que se dispone de datos". Nótese que, en 1996, los niveles más altos de inseguridad se registraban en los Estados Unidos y en el Reino Unido, esto es, donde más había disminuido la protección social y ello a pesar de cuatro años consecutivos de caída del desempleo en esos lugares. Vale la pena añadir que allí donde más se han mantenido los vínculos familiares tradicionales –como, por ejemplo, en la Italia del Mezzogiorno– la desocupación y la pobreza no se acompañan necesariamente de exclusión social.

dido los partidos y el voto como instrumentos de cambio. Peor aún. Carentes ellos mismos de convicciones ideológicas o de propuestas de largo plazo que los sostengan y expuestos abrumadoramente por los medios a la consideración de la opinión pública, muchos de esos políticos acaban desnudando sus flaquezas y su escasa sustancia ante la mirada de todos. De ahí que cundan en la ciudadanía la sensación de falta de sentido, la alienación, el desinterés por la cosa pública –rasgos difícilmente conciliables con una democracia robusta y que generan más bien una cierta y preocupante tendencia a hacerse eco de los discursos autoritarios, populistas, intolerantes o francamente chovinistas que se ofrecen como alternativas–.

El Primer Mundo ha ingresado, conforme a la constatación del politólogo Jean-Marie Guéhenno, a una triple crisis: la de la sociedad llamada de consumo; la de la democracia llamada representativa; y la de la idea de progreso –y "los tres fenómenos son paralelos y de la misma naturaleza"–. De lo cual se desprende una lección que es importante unir a los argumentos acerca de los derechos sociales y del Estado de Bienestar que desarrollé en los capítulos precedentes. Esto es, que ellos solos no bastan como soportes de una democracia sólida allí donde pierde su firmeza el tejido social y no hay (o, mejor, deja de haber) un discurso institucionalizado que sea capaz de cohesionar a la comunidad.

Tal vez resulte oportuno aclarar que de ninguna manera estoy hablando aquí del fin de las democracias capitalistas (aunque en los últimos años hayan aparecido varios libros de título parecido, escritos por autores europeos). Para lo que quiero decir más adelante alcanza con la generalizada constatación de su crisis; o, puesto en términos más precisos, con la manera en que procesos como los que he señalado son capaces de desencadenar una crisis semejante aun en el marco de regímenes políticos largamente consolidados.

XVIII. El caso de América Latina

Si TRATAR de contener las desigualdades que generaba el capitalismo fue uno de los grandes problemas políticos de la posguerra en los países desarrollados, la cuestión resultó notoriamente más ardua en el caso de América Latina. Y esto no sólo porque aquí esas desigualdades eran mucho mayores sino porque se combinaron con la persistencia de otras, propias de estructuras de dominación y de explotación significativamente menos modernas. Aludo al conocido tema del dualismo o, mejor, de la heterogeneidad estructural de estas sociedades.

Aunque sea verdad que en esta materia son siempre muy riesgosas las generalizaciones –y que en Argentina o Uruguay, por ejemplo, tales fenómenos se dieron históricamente en formas más atenuadas– resulta innegable que América Latina en su conjunto cerró el siglo XX como la zona más desigual de la tierra, con bastante más de un tercio de la población por debajo de los niveles de subsistencia usualmente estimados como mínimos y con casi una cuarta parte de sus habitantes carentes de educación. Según observa con sobriedad diplomática el *Informe 1998-1999* del Banco Interamericano de Desarrollo, el área padece claramente de un "exceso" de desigualdad, tal como queda en evidencia cuando se la compara con otras regiones del mundo con niveles similares de PBI.

Son precisamente los expertos internacionales quienes han puesto en boga una distinción que nos reinstala de lleno en el tema de los parecidos de familia. Como es habitual presentar los datos nacionales de la distribución del ingreso divididos en quintiles, diferencian según los modos de apropiación de ese ingreso entre las sociedades 40:40:20 y las sociedades 60:30:10.[46]

Las primeras son las menos desiguales: en ellas, el 20% más rico recibe un 40% del ingreso total; el 40% siguiente, un 40%; y el 40% más pobre, un 20%. Es la situación de la mayoría de los países desarrollados, salvo Estados Unidos, Australia, Irlanda y Nueva Zelanda, donde los desequilibrios son mayores. Como puede advertirse, no nos hallamos ante condiciones que un observador sensato se atrevería a llamar igualitarias. Sin embargo, resulta notable su contraste con las que caracterizan a las sociedades más desiguales: en éstas, el 20% más rico tiende a apropiarse del 60% del total de los ingresos; el 40% siguiente, de un 30%; y al 40% más pobre sólo le queda un 10%. Además de África, es éste principalmente el caso de América Latina.

Así, a finales de los años ochenta, orbitaban en torno del polo 60:30:10 países como Brasil, México, Chile, Perú, Guatemala, Panamá, Venezuela, El Salvador, Honduras, República Dominicana, Nicaragua, Ecuador y, menos claramente, Bolivia. En cuanto a la Argentina, entre 1980 y 1994 tuvo el dudoso honor de desplazarse desde la categoría 40:40:20 hacia la categoría 60:30:10; al tiempo que las tasas de desigualdad más bajas del subcontinente se registraban en Uruguay y Costa Rica. (Dejo a un lado el caso de Cuba, pues ni su régimen económico es capitalista ni su régimen político es democrático representativo.)

Conviene tener presente que, de cualquier manera, estas cifras subestiman los niveles reales de desigualdad por varias razones: una, que miden ingresos anuales y no consideran la riqueza ya acumulada; otra, que sólo incluyen las remuneraciones al trabajo y dejan fuera las rentas, los dividendos y las demás formas de retribución al capital; y ter-

---

[46] Un quintil equivale aquí a un 20% de la población, de manera que dividir la distribución del ingreso por quintiles significa diferenciar tramos del 20% y establecer qué parte del ingreso total le corresponde a cada uno.

cero que, según han documentado diversas fuentes, los ricos declaran sistemáticamente ingresos inferiores a los que efectivamente perciben mientras que, por pudor, los pobres suelen abultar los suyos.

Pero, además, a los fines de cualquier análisis sociopolítico la desigualdad es un indicador que debe ser completado por lo menos por otros dos. Pasa que puede manifestarse tanto en contextos donde, en términos relativos, el ingreso per cápita es alto (el mejor ejemplo es Estados Unidos) como en lugares donde es bajo. En esta última situación, junto con la desigualdad adquiere especial relevancia examinar el tema de la *pobreza*. A la vez, en una sociedad desigual las diferencias de ingresos pueden ser graduales y estables o implicar cortes significativos que tienden a ampliarse con el tiempo. Cuando ocurre lo segundo se habla de la *polarización* de la distribución del ingreso, cuya importancia aumenta cuanto mayores resulten la homogeneidad interna de cada segmento social y la heterogeneidad de los segmentos entre sí.

Pues bien: América Latina brinda desde hace tiempo el ejemplo por excelencia de una gran *desigualdad* unida a una gran *pobreza* y a una gran *polarización*.

Durante la "década perdida" de los ochenta, por ejemplo, cuando el ingreso nacional per cápita de la región cayó en un 15%, la cantidad de pobres se expandió a un ritmo que duplicó el del crecimiento demográfico y por eso representa hoy entre 2/5 y 2/3 de la población total de muchos países.[47] Según cálculos de la Comi-

---

[47] Este cálculo se hace aceptando las definiciones convencionales de pobreza en términos de mínimos de subsistencia. Se subvalúa de esta manera la magnitud del fenómeno no sólo por la arbitrariedad con que suelen calcularse esos mínimos (atendiendo mucho más a factores biológicos que culturales) sino porque, como digo en el texto, se tiende a excluir a quienes quedan por encima de una supuesta "línea de pobreza" a pesar de la precariedad y vulnerabilidad de su situación. Desde luego, si se aplicase en América Latina el razonable criterio comparativo que predomina en Europa para conceptualizar a la pobreza (quienes tienen un ingreso equivalente a la mitad o menos del ingreso nacional per cápita) las cifras serían muchísimo más dramáticas.

sión Económica para América Latina (CEPAL) para toda el área, en 1980 un 35% de los hogares estaban por debajo de la línea de la pobreza; en 1986 su número había subido al 37%; y en 1990 ya llegaba al 39%. O sea que se cuentan por millones los latinoamericanos que son algo más que víctimas de la desigualdad: se ven privados también de los recursos necesarios para mantener un mínimo de dignidad básica.

En cuanto a la polarización, un modo sencillo –aunque incompleto– de evaluarla consiste en comparar los ingresos del quintil superior (los más ricos) y del quintil inferior (los más pobres) de la escala de distribución del ingreso. Sobre la base de datos recientes de diez países latinoamericanos, Adam Przeworski nos informa que la relación promedio es de 16,95 (el ingreso del 20% más rico es, en promedio, casi 17 veces superior al del 20% más pobre); esto es, más del triple que la registrada en los países de la OCDE (5,12) y mucho mayor también que la correspondiente a siete países asiáticos (6,5) y a diez países de Europa Oriental (5,05).[48]

Vale decir que, en América Latina, la desigualdad está sobredeterminada tanto por niveles de pobreza que, en muchos lugares, no son sólo relativos sino también absolutos, como por una brecha profunda entre ricos y pobres que, en las últimas décadas, ha crecido todavía más.

Pero la dimensión real del problema es considerablemente mayor. Sucede que la inseguridad y la precariedad económicas afectan también a franjas importantes de trabajadores que, estadísticamente, se sitúan por arriba de la línea de la pobreza, esto es, que no son considerados pobres en términos técnicos. No es un asunto demasiado difícil de entender: si ya en 1990 el sector moderno/formal de la economía latinoamericana absorbía apenas el 48% de la fuerza de trabajo, en 1996 la proporción descendió a un magro 43%.

[48] Estados Unidos sigue siendo una excepción entre los países desarrollados. Según informes del Instituto de Política Económica de Washington, la relación es allí de 10,57.

Entre esos mismos años –cuando se suponía que iban a fructificar las duras políticas de ajuste implementadas en la década del ochenta–, de cada cien nuevos empleos que se crearon, ochenta y cinco correspondieron a actividades informales, de baja calidad y baja remuneración y desprovistas de toda protección social.

En esta forma, comienza a quedar en evidencia la singular paradoja latinoamericana de nuestros días: *allí donde tanto las viejas como las nuevas democracias del Primer Mundo se consolidaron en el contexto de una marcada baja de la desigualdad, de la pobreza y de la polarización, aquí ocurre todo lo contrario y los procesos de democratización en curso están acompañados por un crecimiento crítico de los tres fenómenos.*

Las consecuencias que todo esto tiene sobre los modos en que se construye la ciudadanía son ciertamente muy significativas y alejan a la mayoría de nuestros países de la experiencia de esos casos paradigmáticos en relación con los cuales se determinan los parecidos.

Dos trayectorias particulares

Hay dos excepciones parciales que tienden a confirmar la regla. Dije en páginas anteriores que Uruguay y Costa Rica son los países capitalistas de América Latina que presentan los índices más bajos de desigualdad. Se cuentan también (y no es mera coincidencia) entre los lugares de la región donde, por un lado, más se desarrollaron las medidas de protección social a la ciudadanía y, por el otro, mayor es la semejanza de los regímenes de democracia representativa vigentes con los de los casos paradigmáticos.

En Uruguay, durante la segunda presidencia de Batlle y Ordóñez (1911-1916), comenzó tempranamente a cobrar forma un Estado asistencialista de matriz urbana y clientelística que, junto con la consolidación del sistema legal y la expansión de la educación y administración públicas, creó las condiciones para el crecimiento de la participación política en las dos décadas siguientes. Por más que el golpe militar de Gabriel Terra, en 1933, le franqueó el paso a influencias fascistas y falangistas, el Estado social siguió construyéndose, aunque ahora con un sesgo corporativista. Tiempo después, la democracia representativa volvía por sus fueros y, entre 1942 y 1955, se vivieron los años del "Uruguay feliz", cuando se materializó un conjunto más o menos significativo de derechos civiles, políticos y sociales "a la europea", en el marco de una sociedad cada vez más plenamente salarial. Se instaló así la que ha sido llamada "una cultura igualitaria de clase media", que –no sin cicatrices dolorosas– consiguió sortear las dificultades económicas pos-1955 y logró sobrevivir también a más de una década de dictadura militar (1973-1985). Porque lo cierto es que tampoco los militares desmantelaron el andamiaje del Estado de Bienestar y por eso éste pudo ser restaurado cuando regresó el orden constitucional.[49]

Uruguay está hoy lejos de ser un país rico y ya quedó atrás el sueño de transformarlo en "la Suiza de América". Pero, a pesar del deterioro que también allí han sufrido, son todavía comparativamente bajos sus niveles de desigualdad, de pobreza y de polarización, al tiempo que su institucionalidad democrática continúa siendo una de las más sólidas de América Latina. Si bien no hay una causa única que explique esta evolución, tampoco puede discutirse el gran papel que ha tenido en ella un desarrollo más o menos equilibrado de las dimensiones de la ciudadanía, relativamente próximo a las prescripciones del catálogo marshalliano.

Aunque sea bastante más reciente, la evolución de Costa Rica presenta varios puntos de contacto con el caso uruguayo. Más aún: si de nuevo se pone a un lado a Cuba, es probablemente en este país donde se han producido los mayores avances de la región en el sentido de instituir un Estado de Bienestar inspirado en principios socialdemócratas de universalidad y de equidad (el "socialismo B"

---

[49] Sobre estas cuestiones, puede verse el trabajo de Fernando Filgueira que cito en la Orientación bibliográfica.

de Marshall). Otra vez, sería poco razonable disociar esta circuns-
tancia del exitoso desempeño democrático representativo de Costa Rica y de los parecidos con los regímenes políticos del Primer
Mundo que sus propios ciudadanos gustan proclamar. Insisto: esto
no significa recaer en un monismo causal sino señalar cuáles aparecen como algunos de los hilos más fuertes y característicos de un
tejido social reconocidamente complejo. Es un punto que gana en
claridad cuando se contrastan una y otra experiencia con las de
los restantes países de América Latina.

Brasil y la protección social restrictiva

Por motivos de brevedad, centraré por un momento mis comentarios en el caso de Brasil, no sólo por su indiscutible importancia continental sino porque ilustra con nitidez algunas de las cuestiones
que quiero resaltar. En especial, el hecho de que las pautas de protección social restrictiva que se difundieron en la mayoría de los
países de América Latina impide aplicarles, en buenos principios,
la noción de Estado de Bienestar –al menos en el sentido en que
la he venido utilizando en las páginas precedentes–.[50]

Como se sabe –y sin perjuicio de los progresos ocurridos (especialmente en el plano de la educación) y de un notable crecimiento económico– el dualismo, la desigualdad, la pobreza y la
polarización han sido y son atributos relevantes del caso brasileño. Históricamente, desde los años treinta el varguismo inauguró
un sistema de protección social dirigido sólo a los trabajadores for-

---

[50] Es cierto que, para evitar discusiones semánticas improductivas, puede hablarse
también aquí de Estado de Bienestar, a condición de agregar, como hacen diversos autores, que se trata de una variedad especial que se distingue de sus manifestaciones europeas por su nivel muy bajo de cobertura y por sus grados muy altos de corporatismo, de
segmentación y de desigualdad. Como siempre en estos casos, el problema es establecer
cuándo una rosa deja de ser una rosa.

males de la ciudad y a los sectores organizados de la clase media, con una ostensible orientación corporativista y clientelística y muy reducidos efectos redistributivos.[51]

Hay dos elementos que debemos tener en cuenta aquí. El primero es que no puede hablarse propiamente de derechos sociales pues, por definición, éstos deben poseer carácter universal. Pero, en segundo lugar, las medidas implementadas tampoco se inscribieron en un verdadero proceso de construcción de la ciudadanía dado que fueron muy pocos quienes gozaron en esos tiempos de ciertos derechos civiles y en cuanto a los derechos políticos, simplemente no existían.

Las sucesivas expansiones del sistema de protección social no le hicieron perder sus rasgos de selectividad, fragmentación y heterogeneidad. En rigor, fueron un emergente del tipo de compromiso populista al que dio lugar el llamado proceso de industrialización por sustitución de importaciones tal como se llevó a cabo en Brasil. En un mercado altamente protegido y de elevadas tasas de ganancias en el sector moderno de la economía, esos beneficios manejados con criterios paternalistas sirvieron a claros propósitos de control político sobre los trabajadores casi exclusivamente urbanos (por lo menos hasta los años setenta). De este modo, acentuaron el dualismo y las divisiones y fueron financiados por toda la población a través de un distorsionado sistema de precios relativos.

Es así que hasta la reforma constitucional de 1988 nunca fue un objetivo de fondo de las políticas sociales que se implementaron atacar de lleno los problemas de la pobreza y de la desigualdad sino servir ante todo como instrumentos de cooptación de los sectores populares. Por eso no es sorprendente que, en 1986, el Banco

---

[51] A diferencia de lo ocurrido con el peronismo, las mejoras que experimentaron los trabajadores urbanos bajo Vargas no se debieron principalmente a la redistribución de ingresos sino a la movilidad geográfica: al trasladarse del campo a la ciudad cambiaban también de manera positiva sus condiciones de vida, aunque las nuevas no fueran especialmente prósperas.

Mundial pudiese mostrar que el 41% más pobre de la población recibía sólo el 18% del total de los beneficios sociales; ni tampoco que Brasil siga presentando hoy algunos de los mayores índices de desigualdad y de polarización del planeta.

Según las constataciones de varios expertos brasileños, después de dejar atrás las épocas tanto del populismo como de las dictaduras militares, el país ingresó a la década del noventa con unos cien millones de pobres. Conforme a los cálculos de Draibe, Guimaraes de Castro y Azeredo, alrededor de un tercio de sus 150 millones de habitantes se ubica así en la línea de la pobreza o por debajo de ella; otro tercio se encuentra sólo ligeramente por encima de esta línea; y no más de 50 millones de personas "están incorporadas a los beneficios de la ciudadanía y de la economía de mercado".

Para apreciar adecuadamente la significación del tema en relación con mi argumento general (y, especialmente, con el carácter sistemático que les atribuí a los derechos de ciudadanía), ese balance debe ser complementado con el que realizó en 1995 el historiador José Murillo de Carvalho. Puede afirmarse rotundamente, dice, que aun en las grandes ciudades brasileñas "los derechos civiles son hoy por hoy los derechos menos difundidos y menos garantizados". Y traza el siguiente panorama: 1) entre el 5 y el 10% de las familias de más altos ingresos conforman la franja de los "ciudadanos doctores", para quienes "las leyes no existen o, en todo caso, se suavizan"; 2) el 60% siguiente son los "simples ciudadanos", a quienes las disposiciones de los Códigos Civil y Penal "se les aplican de manera parcial e incierta"; y 3) el 30% restante está compuesto por los que la jerga policial rotula como "ciudadanos elementos", los cuales "no conocen sus derechos o los ven sistemáticamente violados por otros ciudadanos, por el gobierno o por la policía".[52]

---

[52] Un censo de 1993 de la población carcelaria de Brasil indica que el 95% de los reclusos vivía en condiciones de extrema pobreza antes de su detención. Como resume Carlos Vilas: "de acuerdo con este estudio, el 'preso típico' brasileño es varón, negro, analfabeto

Mutatis mutandis, son descripciones que pueden extenderse con pocas enmiendas a México, a Venezuela, a Colombia, a Ecuador, a Perú, a Paraguay y a muchas otras zonas de América Latina. Y que resultan todavía más pertinentes cuando se vuelve la mirada a la desigualdad, la pobreza y la polarización rampantes de un área como la centroamericana. Altas tasas de analfabetismo, políticas económicas regresivas, elites que no pagan impuestos, violencia institucionalizada a todos los niveles y desprotección legal son parámetros de situaciones que poco tienen que ver con los supuestos de cualquier discurso democrático. De ahí que mantenga plena vigencia la pregunta con la que el sociólogo guatemalteco Edelberto Torres-Rivas cerraba en 1991 su análisis de los procesos electorales que habían tenido lugar en su país, en El Salvador, en Nicaragua y en Honduras: "¿Cómo han votado los millones de campesinos centroamericanos, empobrecidos y atemorizados?". Y respondía: "Ellos votan pero no eligen. Sólo son ciudadanos a medias de una democracia política de baja intensidad".

El caso de la Argentina

Si tradicionalmente la situación social de la Argentina ha sido mejor que la de la mayoría de los países de la zona, varios aspectos la emparentan desde hace tiempo con el patrón latinoamericano, al cual ha terminado por asimilarse cada vez más. Sobre todo, constituye otra instancia de ese fenómeno bastante peculiar que se ha vuelto distintivo del área: la baja o nula asociación positiva que se detecta entre la protección social y la democracia representativa. Quiero decir que, a diferencia de lo sucedido en las naciones capitalistas avanzadas, la protección social creció aquí en

o semianalfabeto, y no tiene medios para pagar un abogado; el delito más frecuente es robo o hurto". No hay mucho de qué sorprenderse.

ausencia parcial o total de la democracia representativa y, a la inversa, tendió a descender precisamente cuando se afirmaba esta última. Pero, además, tampoco en el caso argentino puede hablarse sino muy limitadamente de un cabal desarrollo de los derechos sociales.

Es cierto que, durante los dos primeros gobiernos de Perón se produjo una redistribución muy significativa del ingreso y bajaron sensiblemente los niveles de desigualdad, a la vez que se expandían el gasto social y los beneficios que recibían los trabajadores, si bien dentro de márgenes mucho más acotados que los europeos. Pero además, salvo en educación y en salud, los criterios que se implementaron fueron corporatistas y selectivos, en el marco de una industrialización sustitutiva de importaciones que dio lugar a altas tasas de empleo y aproximó al país a la situación de las sociedades salariales de la posguerra.

Se generó de esta manera un esquema de protección en el que se combinaron contradictoriamente tendencias universalistas y particularistas. Como resumen Rubén Lo Vuolo y Alberto Barbeito: "La característica peculiar de este híbrido institucional es que favoreció la expansión del sistema por un sendero de 'imitación de privilegios'. Es decir, no se pugnaba por derechos básicos universales sino que se legitimaban las diferencias de 'estatus' y los más rezagados buscaban 'engancharse' con los grupos que percibían beneficios máximos".

Todo ello en un contexto populista autoritario que favorecía esa integración social segmentada y clientelística de los trabajadores pero distaba de hacer suyas las bases republicanas de una democracia representativa. O sea que adolecía de la construcción deficiente y desequilibrada de las dimensiones de una ciudadanía que se hallaba sometida además a considerables tutelas y controles.

Como sucedió en Brasil, se consolidó por este camino un sistema de protección social que siguió creciendo pero no modificó su lógica interna, sin perjuicio de que cambiasen según el momento los grupos que obtenían las mayores ventajas. Esto fue así hasta que el sistema entró en crisis en los años setenta, o sea que persistió tanto durante gobiernos militares como durante los breves intervalos en que se restableció incompletamente un orden constitucional marcado por fuertes limitaciones a la participación política.

Según revelan las estadísticas, desde 1980 en adelante el nivel medio del gasto social se estabilizó en torno al 17%, superando apenas la mitad del promedio de la Unión Europea (32%). En contraste, entre 1980 y 1994, por ejemplo, los índices de pobreza se incrementaron tres veces. A la vez, de acuerdo con los análisis comparativos realizados por Barbeito para el período 1970-1994, bajaron en ese lapso los gastos unitarios en educación, salud y previsión social, afectando desde entonces muy seriamente la calidad de todas estas prestaciones.

La tasa de desempleo en aglomerados urbanos, que era de alrededor del 6% en la segunda mitad de los años ochenta, llegó al 14,7% en mayo de 2000 y sólo una ínfima parte de los afectados accede al seguro de desempleo –un instituto sin historia en el país–. Se estima, además, que por lo menos las 2/5 partes de la población ocupada trabaja actualmente en negro y que no más del 28% cuenta con un empleo formal estable. Por eso abrí este comentario señalando que el caso argentino se había ido asimilando cada vez más a la pauta prevaleciente en América Latina.[53]

Es que, para volver a los criterios empleados en páginas anteriores, todo ello hizo que se incrementase en forma notoria la desigualdad social, como lo atestigua una distribución del ingreso crecientemente regresiva: si en 1991 el 10% más rico de la población recibía el 34,1% del ingreso y el 30% más pobre, sólo el 8,8%,

---

[53] A mediados del año 2000, sobre una fuerza laboral urbana de 14 millones de personas, algo más de 4 millones tienen problemas de empleo y buscan trabajo; alrededor de 2 millones están desocupados; y otros 2,1 millones están subempleados en trabajos precarios y ocasionales o de pocas horas (*Clarín*, 25 de junio de 2000).

en 1997 estas cifras se habían modificado para peor: 36,6% y 7,7% respectivamente. Datos oficiales de octubre de 1999 para la Capital Federal y el Gran Buenos Aires indican que el decil más rico gana veinticuatro veces más que el decil más pobre, la peor brecha de las últimas décadas y, vale la pena subrayarlo, una diferencia que duplica a la existente en los años ochenta, cuando se inició la transición democrática. (Dadas la ya aludida propensión de los más ricos a subestimar sus ingresos y de los más pobres a sobrevaluarlos, hay observadores que consideran que esa distancia es hoy, como mínimo, un 50% mayor. Y esto, debo insistir, incorporando al cálculo sólo los ingresos anuales y no el patrimonio acumulado.)

Conforme a investigaciones del Banco Mundial, a fines de la década del noventa más de un tercio de la población argentina se encontraba por debajo de la línea de la pobreza y el 8,6% eran indigentes. Traducidas a cantidades de personas, las cifras son las más impresionantes de la historia contemporánea del país: 13,4 y 3,2 millones, respectivamente. Como indican otros estudios, existen hoy, por ejemplo, casi 2 millones de ancianos que no cobran jubilación ni pensión.

Estos datos brindan evidencia de un fenómeno que merece reflexión y es el rápido empobrecimiento de la clase media argentina, que fue en otras épocas la más extendida y próspera de la región. Las informaciones oficiales disponibles lo corroboran: a principios de la década del ochenta, estos llamados "nuevos pobres" representaban el 3,2% de la población de la Capital Federal y el Gran Buenos Aires; quince años después, en mayo de 1996, tales guarismos habían saltado al 26,7%.

Como podía esperarse en vista de este panorama, no únicamente aumentaron la desigualdad y la pobreza en la Argentina sino que se hizo mucho más intensa la polarización social. Si se comparan los quintiles superior e inferior de la escala de ingresos entre 1976 y 1996, por ejemplo, se comprueba que en esas dos décadas el índice de polarización simplemente se duplicó, pasando del 6,3 al 12,1.

Más aún, según cálculos del Banco Mundial, la brecha siguió ampliándose y ahora el 20% más rico recibe ingresos que son 14,7 veces superiores a los del 20% más pobre, proporción colindante con el promedio de América Latina.

XIX. Un balance desdichado

De fulleros y farsantes

SEGÚN se desprende de lo expuesto en páginas anteriores, el auge del neoliberalismo y las estrategias de globalización que han dominado hasta ahora en el mundo condujeron en todas partes a un fuerte aumento de la desigualdad. Y esto mientras los ideólogos de la "nueva derecha" se dedican a proclamar que nociones como la de igualdad económica han pasado definitivamente de moda; acusan de "sociologismo" a quienes se atreven a preguntarse por las causas sociales de los grandes incrementos en la marginalidad y la exclusión; y sostienen que finalmente los pobres son los principales responsables de su propia miseria.[54]

Como también se ha visto, las consecuencias de la implementación de estos paradigmas han resultado particularmente devastadoras en América Latina, donde se propagaron en lugares que no tuvieron la ventaja de conocer antes ese capitalismo "ablandado por una inyección de socialismo" al que se refería Marshall. Es decir que, salvo las excepciones que mencioné, son países donde no han existido ni una cultura política de sesgo igualitario ni una conciencia cívica acorde con ella.

---

[54] Para una defensa de argumentos como éstos (que, por lo demás, sólo tienen de nuevo que ahora se les acuerda alguna respetabilidad), véase por ejemplo Mead (1992). No debe sorprender que quienes así piensan se hayan convertido también en paladines de la "tolerancia cero" y de que los Estados no intervengan en absoluto en la economía pero que se dediquen, en cambio, a ser represores implacables de quienes violan la ley.

En el plano económico, sobran las evidencias acerca del entronizamiento de un individualismo cerril acompañado de prácticas rentísticas, de una corrupción generalizada y de una extendida evasión fiscal. Es revelador, por ejemplo, que en la mayoría de los países de América Latina las tasas de inversión privada en relación con el producto sean inferiores al promedio de las naciones en desarrollo, mientras que, en cambio, los niveles de concentración del ingreso resultan claramente más altos. En otras palabras, las clases dominantes locales acumulan una enorme riqueza, pero sus inversiones productivas son llamativamente bajas.

¿Cómo se explica? Una de las razones es que prefieren dedicarse a la especulación financiera y/o a hacer cuantiosas remesas al exterior, donde se sienten más seguras (dando un buen testimonio de la calidad de la dominación que ejercen). Otra, que exhiben una altísima propensión al consumo. Así, según datos de la CEPAL recogidos por la Conferencia de las Naciones Unidas sobre Comercio y Desarrollo (UNCTAD) en 1997, a comienzos de la década del noventa, los sectores de altos ingresos de Colombia, Ecuador, Paraguay, Perú, Uruguay y Venezuela consumían en promedio más del 85% de lo que recibían de sus propiedades y de sus empresas, o sea, hasta cerca de un 40% del ingreso nacional de sus respectivos países.

Pero el problema va mucho más allá de lo económico. Ocurre que los valores y las normas sociales no se fortalecen con las declaraciones sino con el uso; y por eso mismo, para que exista una ciudadanía interesada en la igualdad y en la justicia tienen que haberse difundido instituciones y prácticas que sean igualitarias y justas. Cuando no sucede así, cunden en todos los niveles la desconfianza y la falta de solidaridad. Si, comparativamente, éste ha sido uno de los grandes déficits históricos de América Latina, lo que pasó en los últimos veinte años lo potenció al máximo.

El experto inglés Julian Le Grand dice con acierto que, explícitamente o no, el diseño de cualquier política social parte siempre de determinados supuestos acerca de las motivaciones y de los comportamientos humanos. Por eso propone distinguir esquemáticamente entre tres tipos de inclinaciones que son discernibles entre los miembros de las sociedades de nuestro tiempo: las filantrópicas o altruistas de los *caballeros*; las egoístas y mezquinas de los *pícaros*; y las pasivas de los *subordinados*.

En estos términos, cuando socialistas democráticos como Marshall impulsaban el Estado de Bienestar presumían, por una parte, que tanto los funcionarios públicos como quienes debían pagar los impuestos actuarían como *caballeros* bastante generosos y, por la otra, que los usuarios de los servicios sociales se conducirían básicamente como *subordinados*, esto es, que se contentarían con recibir un patrón universal de prestaciones relativamente elementales, sin importar la clase a la cual pertenecieran.

Si en lugares como Gran Bretaña las cosas fueron más o menos así en las primeras décadas de la posguerra, aduce Le Grand, después variaron drásticamente,[55] al punto de que "es apenas una leve caricatura describir este cambio como el pasaje de políticas destinadas a ser financiadas y manejadas por los caballeros y a ser aprovechadas por los subordinados, a políticas destinadas a ser financiadas, manejadas y aprovechadas por los pícaros". Para volver a Schumpeter, se habría materializado el riesgo de una difundida presencia política de "los fulleros y farsantes o de otros hombres que, sin ser ni una cosa ni otra, se conducirán de la misma manera que ambos".

Pues bien: si se me permite apelar también al trazo grueso, lo que intento decir es que, en términos generales, en América Latina: (a) entre los funcionarios y los contribuyentes prevalecieron con demasiada frecuencia los pícaros; (b) la mayoría de los beneficiarios de los estratos medios y altos tendieron a ser igualmente pícaros

---

[55] Como indiqué en un capítulo anterior, autores como Galbraith o el propio Marshall tuvieron clara conciencia de estos cambios mientras iban ocurriendo. Véase el capítulo IX.

mientras que a todos los demás les correspondió invariablemente el papel de subordinados y (c) este cuadro no se modificó sino que se agravó de manera considerable desde la década del ochenta, haciendo cada vez menos verosímiles las invocaciones a la justicia social que realizan los políticos en campaña.

De ahí que, dados su volumen y sus características, la desigualdad, la pobreza o la polarización no sean hoy cuestiones que puedan resolverse por arrastre, como resultado indirecto de políticas que se adopten con otros objetivos (complacer a los organismos internacionales, equilibrar el presupuesto, atraer capitales de cualquier tipo, aumentar las exportaciones o hacer crecer el producto bruto). Más aún, entre quienes sostienen lo contrario, no son pocos los que actúan decididamente como pícaros y me gustaría ilustrarlo con un par de ejemplos.

La cigarra y la hormiga

No pocos economistas latinoamericanos se entusiasmaron en su momento con la idea del llamado *trickle down effect*. En inglés, el sustantivo *trickle* designa un chorrito de líquido; y el verbo *to trickle*, eso que denominamos gotear. La idea del *trickle down effect* seduce por su sencillez: postula que el crecimiento económico, más tarde o más temprano, acaba beneficiando también a los de abajo porque gotea a través de mayores empleos, ingresos y posibilidades de consumo.

No deseo discutir ahora la plausibilidad misma de esta proposición sino el modo en que ha sido utilizada entre nosotros. Es que, obviamente, cuando se respeta su traducción literal, el modesto enunciado del efecto no les podía parecer demasiado cautivante a políticos ansiosos por captar el apoyo de quienes menos tienen en un contexto tan castigado como el de América Latina. Intervinieron entonces propagandistas vernáculos del neoliberalismo que no dudaron en valerse de un truco y simplemente le modificaron el nombre al efecto para volverlo así más atractivo: en vez de *goteo* pasaron a hablar de *derrame*. Hay que achicar el Estado, abrir sin retaceos la economía, desregular los mercados y hacer desaparecer el déficit fiscal para que lo demás se solucione por añadidura, gracias a un aumento sostenido del producto bruto que derramará sus mieles sobre la sociedad en su conjunto y hará a todos felices. En el plano retórico, fue una maniobra eficaz; a nivel de los resultados concretos, ya vimos lo que sucedió.

A la vez, esta ideología del derrame ha servido para alimentar un celebrado lugar común del mismo cuño: "Hay que crecer primero para distribuir después". Parece de una lógica elemental y hasta evoca enseguida la vieja fábula de la cigarra y la hormiga. Sólo que cuando se pretende transferir esta sabiduría desde el plano personal al de sociedades enteras, las cosas varían. Ante todo, porque en este caso no se trata ya de individuos que recién empiezan a trabajar sino de lugares donde existen cuantiosas riquezas acumuladas en pocas manos que podrían distribuirse de inmediato. Pero, además, quienes insisten en trasladar esa secuencia a nivel nacional son desleales con el público porque no dicen que todo modelo de crecimiento lleva necesariamente implícitas ciertas pautas posibles de distribución del ingreso y no otras. Esto explica que en América Latina las cigarras hayan sido siempre mucho más opulentas que las hormigas, para incomodidad póstuma de Samaniego.

El problema es que, en la actualidad, no sólo siguen vigentes las estrategias económicas neoliberales sino que se ha llegado al punto en que el propio abanico de alternativas disponibles ha terminado por estrecharse peligrosamente. El continuo desmantelamiento de las protecciones legales a los trabajadores so pretexto de la flexibilización laboral y del alza de la competitividad da una buena muestra de esa vigencia. En cuanto al estrechamiento de las alternativas, baste aquí con una reflexión de índole general, que sugiere también por qué son riesgosas las copias.

Las soluciones ambiguas

La experiencia histórica de los países desarrollados revela que las grandes inequidades que causa el capitalismo se corrigen tanto mejor cuanto más se aplican como contrapeso sistemas *universales* de protección social. Son varias las razones de esto. Así, la no discriminación entre sectores favorece la igualdad, sin perjuicio de que, en el corto plazo, pueda requerirse aplicar políticas compensatorias a los más rezagados (lo que suele designarse como "discriminación positiva"). A la vez, dado que dejan en sus manos una asignación diferenciada de los recursos, los programas selectivos afectan la neutralidad del Estado y hacen que, por lo común, éste se embarque en prácticas paternalistas y clientelísticas que no sirven precisamente para expandir la igualdad. Debido a su particularismo, en los hechos, tales programas suelen acabar estigmatizando a los beneficiarios y encerrándolos en un círculo vicioso que los especialistas han bautizado como la "trampa de la pobreza". Por lo demás, según diría Le Grand, en un mundo de pícaros es preferible acotar al máximo el margen de arbitrio de las decisiones que se adoptan, otro argumento en pro de que se brinden prestaciones universales a los ciudadanos.

Sin embargo, en un contexto como el latinoamericano todo esto se vuelve menos claro de lo que aparenta. Primeramente, en la situación actual de achicamiento del Estado, el volumen de los recursos disponibles para las políticas sociales es demasiado bajo como para que un modelo universal logre impedir que se continúe profundizando la brecha de los consumos. Peor todavía, la haría seguramente más grave porque con una cobertura tan amplia llegarían menos recursos a los pobres y los ricos seguirían acudiendo de todas maneras a servicios privados. Dicho de otro modo, el intento de aplicar medidas igualitarias en sociedades muy desiguales conduce casi siempre a reforzar la desigualdad porque, como es obvio, se hallan también desigualmente distribuidas las posibilidades de aprovechar tales medidas. Si a esto se le suman un funcionamiento deficiente de las instituciones y la presencia ubicua de los pícaros, se comprenden las reservas que suscitan aquí los programas universales, pues es poco seguro que realmente ayuden a quienes más los necesitan.

Por desgracia, en las circunstancias presentes no parecen existir soluciones óptimas. Porque las políticas que recurren a la focalización y a la descentralización de los servicios, tal como se ha venido haciendo en los últimos años, enfrentan, por una parte, las serias limitaciones que son inherentes a los modelos selectivos y, por la otra, no conducen tampoco a superar las distorsiones específicas a las que recién aludí. Por añadidura (y es un tema nada baladí), casi inevitablemente consagran la segmentación entre los ciudadanos plenos y el resto. Se añade a esto el hecho de que, con bastante frecuencia, lo que buscan esos planes no es tanto la eficiencia del gasto social y el aumento de la participación sino lisa y llanamente evitar desbordes peligrosos, conteniendo a los sectores marginalizados al costo más bajo posible.

Lo dicho no debe ser leído, sin embargo, como una condena indiferenciada a los esfuerzos que se llevan a cabo en diversos países de la región para paliar las consecuencias del neoliberalismo todavía en boga. Pero incluso los mejores intentos concluyen siendo poco más que remedios parciales frente a las inequidades que generan continuamente los regímenes sociales de acumulación que se han establecido en América Latina y que restringen tan marcadamente el campo de las reformas posibles. Desde este punto de vista, no hay indicios verosímiles de que la situación general vaya a modificarse sustancialmente en los próximos años si no se producen cambios de fondo. Porque, incluso allí donde se lograse impedir que se profundizara el deterioro social, habría escasos motivos para la satisfacción. Es que ni siquiera hace falta suponer que las cosas estarán cada día peor; alcanza con lo mal que están para considerar inaceptable que no se vuelva una prioridad absoluta su transformación más o menos inmediata y que todos los esfuerzos no se vuelquen a lograrla.

XX. Una idea y sus manifestaciones concretas

El liberalismo democrático

Propuse al comienzo que distinguiésemos entre la *idea* de la democracia como autogobierno colectivo y sus *manifestaciones históricas concretas*. Detengámonos nuevamente en este tema. Porque pasa algo singular y es que, hasta el siglo XIX, varios de los principales teóricos y sostenedores del gobierno representativo (eso que he venido llamando aquí el *gobierno de los políticos*) negaban abiertamente que éste se hallase relacionado con la idea de la democracia. No sólo era otra cosa sino que era otra cosa mejor.

Esto surge claramente de los debates de Filadelfia en torno a la Constitución de los Estados Unidos y de los célebres comentarios que en su apoyo escribieron poco después Hamilton, Jay y Madison.[56] Esta Constitución (en la que tan fuertemente se inspiraron las nuestras) se preocupa por lo menos tanto por los derechos de propiedad como por las libertades políticas y es ostensible que teme más a los "abusos de la libertad" que a los "abusos del poder".

---

[56] La Constitución de los Estados Unidos fue discutida y elaborada en Filadelfia, en 1787, en un cónclave cerrado, para ser sometida luego a la ratificación de las diversas convenciones estaduales. El objetivo de los comentarios a los cuales me refiero fue precisamente explicar y fundamentar los alcances del texto constitucional para que esta ratificación quedase asegurada. En 1788, Hamilton reunió esos ensayos en dos volúmenes, que se publicaron bajo el título de *El Federalista*. Desde el siglo siguiente, la obra iba a tener una notable influencia en América Latina. Ya en 1840 se difundió una versión en portugués y en 1868 apareció en Buenos Aires la primera traducción al castellano.

Por eso sus defensores atacaron con tanta fiereza a la democracia y a su loca propensión a la "turbulencia y los enfrentamientos", "incompatibles con la seguridad personal o los derechos de propiedad" y conducentes a regímenes de "vida corta y muerte violenta". En contraste, escribía Madison en el famoso capítulo X de *El Federalista*, un gobierno representativo (que él llamaba "república"), a cargo de ciudadanos "sabios, patrióticos y justos", puede hacer que "la voz pública, pronunciada por los representantes del pueblo, resulte más acorde con el bien público que si fuera pronunciada por el pueblo mismo, reunido a estos fines".

Se me dirá que, sin embargo, todos estos autores suscribían el conocido principio de Locke según el cual "al ser los hombres libres por naturaleza, iguales e independientes, ninguno puede ser sacado de esa condición y puesto bajo el poder político de otro sin su propio *consentimiento*". Pero esto no hacía de Locke un demócrata. Como muchos que le siguieron, el filósofo inglés daba por supuesto que el grueso de la población prestaba su consentimiento por el hecho mismo de formar parte de la sociedad civil, a la vez que sólo consideraba políticamente relevantes a aquellos ciudadanos varones que poseían un patrimonio sustancial. Eran éstos quienes elegían entre sus iguales a los representantes, a los cuales quedaban así unidos por estrechos lazos de conveniencia mutua. O sea que, en la práctica, cuando la "gente decente" participaba en política lo hacía básicamente para asegurarse la defensa de sus propios intereses.

Y éste es el punto. No hay nada intrínsecamente democrático en la participación misma: todo depende de quiénes participan y en qué condiciones. Es verdad que desde el siglo XIX en adelante la participación política se fue ampliando en la mayoría de los países prósperos de Occidente. Pero si quienes luchaban por esta ampliación lo hacían cada vez más en nombre de la democracia, las preocupaciones centrales de quienes les fueron concediendo el voto eran, ante todo, el mantenimiento y la viabilidad de las institu-

ciones vigentes y la protección de intereses individuales definidos conforme a la lógica de un capitalismo en ascenso. De ahí la
conocida paradoja que resume el politólogo francés Bernard Manin: "los gobiernos democráticos contemporáneos han evolucio-
nado a partir de un sistema político que fue concebido por sus
fundadores en oposición a la democracia". Y ello ha tenido y tiene
efectos importantes.

Para ser más precisos, el liberalismo (que de él se trata) se demo-
cratizó mediante la incorporación del sufragio universal como su
casi único elemento democrático, pero manteniendo la mayor parte
de los marcos institucionales que le eran propios. O sea que cuando hoy se habla de "democracias liberales" se incurre deliberadamente en una exageración retórica que convierte lo adjetivo en
sustantivo. Nos hallamos, en verdad, ante "liberalismos democráticos", *en los cuales son escasas las expresiones concretas de la idea de
una comunidad que se autogobierna pese a que ella funciona como su
mayor encanto ideológico.* Para decirlo de otro modo, las democracias contemporáneas más exitosas no fueron inicialmente la puesta en práctica de esta idea, sino que se plegaron a ella mucho después
y de manera muy parcial.

Lo cual nos devuelve al tema de las manifestaciones históricas concretas, esto es, de las naciones que hoy se proclaman democráticas. Y, nuevamente, vale la pena regresar por un instante
a Schumpeter.

"La democracia es lo que es"

Porque conviene volver a destacar las particulares características
del contexto en que el economista austríaco escribió su obra de 1942
y que no fue otro que el de la crisis a escala mundial más grave que
el capitalismo había experimentado hasta entonces. Es por eso que
no pueden disociarse dos de las grandes tesis contenidas en el libro.

Una sostenía que, a pesar de todo, era muy probable que el capitalismo conociese aún otro ciclo de cincuenta años de prosperidad semejante al que se había cerrado en 1928. El pronóstico demostró ser verdadero aunque en esa época fueran muy pocos quienes lo compartían.

La segunda tesis es la que ya examinamos. Postulaba una lectura realista de la democracia no como había sido soñada por los filósofos sino como existía realmente en determinados lugares, esto es, como el método propio de un sistema de equilibrio institucional que consagra el gobierno de los políticos y somete cada tanto sus acciones al veredicto de las urnas. "Si lo que queremos no es filosofar sino comprender", decía Schumpeter sin rodeos, "tenemos que reconocer que las democracias son como deben ser". En los términos que he venido utilizando, una cosa sería la *idea* del gobierno del pueblo y otra bastante distinta, *sus manifestaciones históricas concretas*; y las únicas que finalmente importan son estas últimas, por más que hagan claro que se trata de liberalismos democráticos donde quienes en realidad gobiernan son los políticos. En este caso, pareciera que un "es" logra convertirse en un "debe ser".

Según vimos también, muy distinto fue el planteo de Marshall, cuyos análisis de los derechos de ciudadanía estuvieron mucho más directamente inspirados en esa *idea* de la democracia como autogobierno colectivo. Es el Marshall del "socialismo B", que cuestionaba "un orden social basado en la premisa de que la libre competencia y la empresa individual son los bienes más elevados" y que denunciaba a la sociedad de consumo porque falta en ella "el concepto de legitimidad fundado en un principio de justicia social". La *idea* comanda aquí tanto las referencias como las críticas a las *manifestaciones históricas concretas* al tiempo que le asigna, por eso mismo, un lugar de privilegio a la cuestión de la igualdad social y política de los ciudadanos.

Buena parte de mi exposición estuvo dirigida a mostrar que, en los países desarrollados, aquel "la democracia es lo que es" de Schumpeter sólo se tornó plausible gracias a que, entre otras cosas, si bien se mantuvieron las principales instituciones que había levantado el liberalismo, fueron cambiando significativamente las bases de sustentación de esas mismas sociedades. Ello fue posible tanto a causa de esa bonanza de posguerra que él previó, como a las diversas encarnaciones que tuvo el Estado de Bienestar. Lo que equivale a decir que el argumento de la democracia procedimentalista –justificatorio de las *manifestaciones históricas concretas* del gobierno de los políticos de las cuales hablaba Schumpeter– pudo funcionar porque, en realidad, la preocupación por la *idea* del gobierno del pueblo nunca se abandonó del todo (y no exclusivamente a nivel retórico). *La ironía de esta historia es que, en los hechos, Schumpeter sólo tuvo razón allí donde, directa o indirectamente, se le hizo caso a Marshall.*

Es más: cuando en los últimos veinte años la *idea* de la democracia se fue amorteciendo en los países centrales y casi todo pasó a ser mera operación de un sistema, no sólo cundió el desencanto en la población, sino que comenzaron a desarrollarse en forma bastante notoria los movimientos antidemocráticos. Aunque de ideología muy confusa, estos movimientos se nutren principalmente del desprestigio que afecta tanto a los partidos tradicionales como al gobierno de los políticos y rechazan a la democracia liberal, salvo en la medida en que las elecciones puedan resultar un medio idóneo para llevarlos al poder.[57]

---

[57] Significativamente, varios de estos movimientos xenófobos y populistas –que buscan capitalizar el desencanto y la inseguridad a los cuales me referí– refrendan las tesis del neoliberalismo económico pero sin libre comercio, esto es, defienden un neoliberalismo replegado dentro de las fronteras nacionales, con el desmantelamiento consiguiente de los sistemas de protección social y una intervención mínima del Estado en la economía. Para una buena síntesis véase el informe de Jean-Yves Camus en *Le Monde Diplomatique*, 4 de marzo de 2000. Su título, "El nuevo orden fascista en Europa", puede inducir a error pues –como el propio autor advierte– no son fenómenos simplemente asimilables al fascismo o al nazismo.

Es cierto que fenómenos de este tipo admiten por lo menos dos interpretaciones. Una es optimista y pone el acento sobre las tradiciones democráticas que se han consolidado en la mayoría de los países del Primer Mundo, de modo que, antes o después, tales movimientos estarían condenados a fracasar.[58] La otra interpretación es más escéptica y registra hasta dónde ni siquiera largos años de aprendizaje del gobierno representativo parecen capaces de inmunizar a un sistema contra las fuerzas que intentan destruirlo.

No descreo de la primera lectura y espero que los hechos le den la razón. Pero es la segunda interpretación la que más me interesa ahora para volver a ocuparme de América Latina.

[58] Sostiene el filósofo esloveno Slavoj Zizek que, en realidad, el ascenso de la derecha populista sirve para legitimar la hegemonía liberal democrática pues le proporciona al espectro político establecido un común denominador negativo. El argumento parece, por ahora, plausible aunque, desde luego, es indicador del bajo sustento positivo de la cohesión social en esta época.

XXI. La democracia condicional

Lo que Huntington no dijo

EL POLITÓLOGO inglés John Dunn observa que, en los países ricos, el éxito de la democracia representàtiva fue consecuencia de la combinación bastante peculiar que se produjo allí entre su viabilidad y su atractivo: lo que la hizo viable (la efectiva protección que le ha brindado a la economía de mercado) no es lo mismo que la volvió atractiva para la imaginación popular (la idea de que el poder legítimo del Estado se funda en la libre elección periódica de los ciudadanos).

El señalamiento me parece correcto pero parcial porque le falta un tercer término que resulta clave. Por muchos años, esa compatibilidad entre la viabilidad y el atractivo fue mediada por un aumento generalizado del bienestar de la población, producto de la forma que asumieron tanto la economía de mercado como el Estado. Y, al cambiar la situación han aparecido los cuestionamientos que acabo de mencionar.

Las cosas sucedieron de otro modo en nuestras latitudes y por eso puse tanto énfasis en lo que llamé la paradoja latinoamericana de nuestros días: tratar de consolidar democracias representativas en contextos marcados por la pobreza, la desigualdad y la polarización y donde los regímenes sociales de acumulación vigentes fomentan la marginalidad y la exclusión mientras los Estados se achican y se revelan incapaces de lidiar efectivamente con toda la magnitud de la crisis.

En estas condiciones (y como no podía ser de otra manera), el idioma que más se habla es el de Schumpeter y no el de Marshall. Fue así que la *idea* de la democracia como gobierno del pueblo perdió gravitación rápidamente en el discurso público de los apologistas de la democracia representativa: más potente en un primer momento, cuando cayeron o fueron desplazadas las dictaduras militares, el neoliberalismo se dedicó a sustituir esa idea en el imaginario colectivo por un énfasis salvacionista en la única alternativa económica posible y por su promesa de logros materiales tan crecientes como abundantes. Pero, salvo muy contadas y muy parciales excepciones, tampoco esto ha ocurrido en relación con el grueso de la población, al tiempo que se han hecho cada vez más palpables las carencias y los defectos de los nuevos esquemas institucionales.

Dada esta situación, correspondería preguntarse, en los términos de Dunn, cómo se vienen combinando aquí la viabilidad y el atractivo de la democracia representativa en tanto forma de dominación por ahora relativamente estabilizada (aunque sean bastante inciertos su significado y su futuro en Perú, Ecuador, Paraguay, Venezuela, Colombia, Bolivia, Guatemala, Honduras, Nicaragua y varios otros lugares, que incluyen la aun ambigua evolución de México).

Son posibles varias respuestas, pero hay una que deseo subrayar, dada la importancia que le asigno: todo indica que la democracia representativa sólo está resultando viable dentro de límites muy estrechos que los políticos deben negociar continuamente con los grandes grupos económicos nacionales y extranjeros, para los cuales este régimen aparece por ahora como más confiable que tantas dictaduras militares que terminaron por revelarse arbitrarias, inconsultas y difíciles de controlar.

Uno de los parámetros principales de esta negociación es la separación tajante entre la economía y la política, conforme a los cánones del neoliberalismo. De acuerdo con la supuesta e inviolable lógica de la economía, los gobiernos están obligados, por ejemplo, a darle una prioridad absoluta al pago de sus enormes deudas externas y/o internas y a acatar las indicaciones (y las condicionalidades) del Fondo Monetario Internacional (FMI) o del Banco Mundial, independientemente de cualquier compromiso que hayan asumido con los votantes y aun de las necesidades más urgentes de éstos.

Es decir que no sólo nos hallamos ante una democracia representativa que se asume sin mayores reparos como el *gobierno de los políticos* sino que, en este caso, se trata de políticos que, en general y so pretexto de las exigencias de la globalización o del temor a la fuga de capitales, aceptan sumisamente los pesados condicionamientos que les imponen las fuerzas económicas dominantes. *No es extraño, entonces, que la democracia representativa que se presenta aquí como viable se esté volviendo cada día menos atractiva para amplios sectores de la población.* Así, si es cierto que una mayoría de los latinoamericanos la sigue prefiriendo a cualquier otro régimen (lo cual es fácil de entender dados el clima cultural de la época y la falta de alternativas), apenas uno de cada tres se dice satisfecho con el modo en que funciona.[59]

Una de las formas en que suele expresarse todo esto es en la gran distancia que separa a los políticos de los votantes, con el daño consiguiente a la relación de representatividad. Conviene recordar que Schumpeter formuló su teoría cuando ya había comenzado la era de la radio pero todavía no la de la televisión, con todo lo que esta última ha supuesto en términos de una personalización de la política, especialmente en contextos de partidos débiles y poco ideologizados. Tal personalización tiende a crear un semblante de proximidad que agudiza el desencanto cuando las promesas no se cumplen y faltan además los soportes partidarios e ideológicos que sean capaces de mantener razonablemente las expectativas.

[59] Las encuestas realizadas en toda América Latina por *Latinbarómetro* entre enero y marzo de 2000, por ejemplo, indican que el 60% de los entrevistados apoya la democracia pero sólo un 37% aprueba la manera en que se desempeñan sus instituciones (*Clarín*, 20 de mayo de 2000). Como se advierte, a pesar de la vaguedad del término "democracia" esa mayoría no es abrumadora y baja notoriamente cuando la pregunta se vuelve más concreta.

Bastaría con tomarle la palabra a ciertos influyentes teóricos de la economía de mercado y del liberalismo democrático para darse cuenta de los riesgos que las situaciones de este tipo entrañan para la gobernabilidad.

Pienso en las advertencias de Huntington y de otros –que sinteticé en páginas anteriores– acerca de los presuntos peligros que implicaba una participación excesiva del pueblo en la política. Con mucha más razón cabría plantear ahora el problema inverso (sobre el que nada dijeron), esto es, la pérdida creciente de confianza de los votantes en un régimen sedicentemente representativo en el cual las elecciones cuentan cada vez menos debido a que los grandes capitalistas y sus grupos de presión tienen una participación desmesurada en las decisiones públicas. Sobre todo que una intervención política tan notoriamente excesiva como ésta no parece estar conduciendo en ninguna parte a un desarrollo sostenible e incluyente y, además, tiene una afinidad notoria con ese festín de los pícaros que se refleja en niveles inéditos de corrupción, de evasión fiscal y de amañamiento de las leyes.

De ahí que también me haya detenido antes en una constatación muy significativa que se desprende de la historia contemporánea de los países del Primer Mundo: prácticamente en ninguna parte la burguesía desempeñó un papel principal y positivo por sí misma en el proceso de consolidación de la democracia liberal. Dicho de otro modo, sin presión ni control desde abajo tal proceso no hubiera seguido los cauces que siguió ni tampoco el Estado y la ciudadanía hubiesen sido construidos de la manera que los conocemos.[60]

O sea que a la paradoja latinoamericana que ya señalé se le agrega otra que la complementa y que puede enunciarse así: para afian-

---

[60] Hace ya más de cuatro siglos, se preguntaba Maquiavelo si una república debía poner la protección de la libertad en manos de los poderosos o del pueblo. Y optaba por el pueblo pues siempre es mejor que "una cosa sea dejada a cargo de quienes menos deseos tienen de usurparla".

zar el gobierno representativo, los políticos no movilizan seriamente a los sectores populares sino que tienden a buscar el apoyo de las mismas burguesías locales y extranjeras que antes medraron con las dictaduras y que hoy lucran con las privatizaciones o los negocios financieros. La consecuencia es que asistimos a una enorme concentración, no sólo del ingreso y de la riqueza, sino también del poder y las ideas que se suponen aptas para promover el crecimiento económico y fijar los alcances de la propia democracia.

Doble novedad entonces: que se pretenda consolidar la democracia representativa mientras, por un lado, no mejoran o se agravan las condiciones de vida de la mayoría de la población y, por el otro, hegemonizan el proceso los sectores burgueses más poderosos.

Las enseñanzas de la física

Por eso es aconsejable repensar a esta altura una fórmula que, en América Latina, va camino de convertirse en un lugar común de los políticos: "los defectos de la democracia sólo se corrigen con más democracia".

La afirmación resulta inobjetable cuando se la usa en oposición a los mesianismos autoritarios y redencionistas pasados, presentes y futuros de cualquier pelaje que sean. Con todas sus grandes limitaciones e injusticias, las democracias representativas existentes son portadoras de libertades públicas irrenunciables que deben ser sostenidas y ampliadas.

Sin embargo, cada vez con mayor frecuencia, se tiende a emplear aquella fórmula de un modo equivalente al "no hay alternativas" que popularizó Margaret Thatcher en el plano económico (o a aquel "la democracia es lo que es" schumpeteriano, referido a otras situaciones). En este caso, todo lo que se acaba afirmando es que a la democracia sólo se la corrige con más de lo mismo. Algo que, a la luz de lo expuesto hasta aquí, no resulta para nada evidente.

Pienso, en cambio, que el aserto ganaría en plausibilidad si tomase una forma parecida a la siguiente: *a la democracia sólo se la corrige experimentando con nuevas formas de democracia más adecuadas a las circunstancias particulares que nos toca vivir.*

Apelo nuevamente a una enseñanza de la física que le gustaba recordar a Schumpeter: "*si un físico observa que el mismo mecanismo funciona de un modo diferente en épocas distintas y en lugares distintos, concluye que su funcionamiento depende de condiciones extrañas al mismo. Nosotros no podemos sino llegar a la misma conclusión por lo que se refiere al sistema democrático*". De lo cual, obviamente, pueden sacarse dos conclusiones diversas: que para obtener resultados similares hay que cambiar las condiciones o hay que cambiar el mecanismo.

Los teóricos de la modernización sostenían lo primero y consideraban, por ello, que la democracia liberal no podía funcionar en los países en desarrollo (los llamaban "subdesarrollados") si antes no se transformaban profundamente sus economías y sus sociedades. Como es sabido, una de las consecuencias nefastas de este planteo fue que sirvió de justificación a dictaduras de toda laya que se acostumbraron a vestir su despotismo con ropajes modernizadores (y, si correspondía, anticomunistas).

En tiempos más recientes, y en una reacción entendible, varios autores (entre los cuales cité antes a Weffort) alteraron la secuencia para decir con igual énfasis que, por el contrario, la democracia debía ser condición previa de la modernización. Sin embargo, cuando se adopta el punto de vista de la sociedad en su conjunto, las pruebas que pueden aducirse hasta aquí en apoyo de tal posición son, según vimos, menos que satisfactorias. Es que, en los términos en los cuales viene siendo negociada con los grandes factores de poder, la viabilidad democrática se transforma con demasiada frecuencia en un real freno para la modernización (o, si se prefiere, impulsa una modernización que atenta contra la integración nacional y victimiza a grandes segmentos de la población).

Por eso creo que el dilema de los físicos que hizo suyo Schumpeter no admite medias tintas: *o se modifican las condiciones o se modifica el mecanismo.* Y la única respuesta no autoritaria que se desprende de la realidad histórica de nuestros países es hoy, claramente, la segunda, o sea la urgente necesidad de embarcarse en lo que el teórico brasileño Roberto Mangabeira Unger ha bautizado como el "experimentalismo democrático". Independientemente del valor específico que tengan sus propuestas, lo que rescato es el espíritu que las anima y que no es otro que el de "labrar un camino rebelde de desarrollo nacional y rehacer la forma institucional del mercado y de la democracia". Como él mismo afirma, lo demás es puro fetichismo de las estructuras y de las instituciones que se han importado.

Sólo que, como se comprende, modificar el mecanismo lleva de inmediato a ocuparse de las condiciones, precisamente porque la democracia nunca ha sido ni puede ser un mero procedimiento. Lo cual nos reinstala, por buenos motivos, en la cuestión de los parecidos de familia.

XXII. Los parecidos engañosos

El sofisma del calvo

AL COMENZAR nuestra exploración recurrí a Wittgenstein, quien no sólo hizo famosos los conceptos con estructura de parecido de familia sino también la idea de que habitualmente una palabra no tiene otro significado que aquel que se desprende de su uso. En este sentido, resulta indudable que, en la práctica, el término *democracia* se emplea hoy en América Latina para designar casi exclusivamente al *gobierno de los políticos*. En apariencia, en ello residiría su mayor parecido con lo que ocurre en los casos que operan como paradigmáticos. Pero es un parecido doblemente engañoso.

Ante todo, porque aquí –en la mayoría de los lugares y para una mayoría de las personas– los derechos civiles y sociales acompañan muy parcial e incompletamente a los derechos políticos de la ciudadanía, lo cual a su vez afecta seriamente a estos últimos. No es casual que el fraude (antes, durante o después de las elecciones) sea hoy un tema recurrente en muchas partes, por más que se trata de sólo una de las manifestaciones de un problema bastante más general: por un lado, la escasa o nula autonomía de la que gozan vastas franjas de votantes y, por el otro, un desarrollo incompleto y a menudo distorsionado del Estado de derecho republicano.

Ello habla de la debilidad del proceso de institucionalización del gobierno representativo, que es lo que detectan los observadores que se valen de expresiones tales como "democracias (o ciudadanías) de baja intensidad", lúcidamente introducidas por Edelberto Torres Rivas y por Guillermo O'Donnell, cuando comprueban toda la distancia que separa a estos regímenes de los liberalismos democráticos del Primer Mundo. Es que, salvo un par de excepciones relativas, estuvo lejos de haber en América Latina liberalismos firmemente institucionalizados que luego se democratizaran; y las "fallas liberales" resultantes se han visto agravadas por las desigualdades y las exclusiones que hoy acotan visible y peligrosamente el número de los *ciudadanos plenos*. A la vez, esto mismo impidió que se difundiera esa "bonanza compensatoria" a la que hice referencia en el caso de Alemania.

Vale decir que, en los hechos, no se cumple (o se cumple mal) el criterio de "ciudadanía inclusiva" que un analista de los casos paradigmáticos tan prestigioso como Robert Dahl le fija "al gobierno de un Estado *para que sea democrático*". Conforme a este criterio, "a ningún adulto que resida permanentemente en el país y esté sujeto a sus leyes le pueden ser negados los derechos de que disfruten otros", lo cual abarca todas las "libertades y oportunidades que puedan ser necesarias para el funcionamiento efectivo de las instituciones políticas de la democracia a gran escala". Proposición de cuño marshalliano que evoca de inmediato esa idea que hoy circula tan exiguamente entre las elites latinoamericanas: la de la democracia como *gobierno del pueblo*.

Hay en esto algo de aquel "sofisma del calvo" del que se ocupó hace varios siglos Diógenes Laercio. Según su argumento, en rigor de verdad no se puede saber cuándo una persona se queda calva. A nadie le pasa esto porque se le caigan un pelo o dos o tres o cuatro. Siguiendo la lógica de este razonamiento, dice Diógenes, una persona no sería calva mientras tuviese siquiera un pelo en la cabeza. Y, sin embargo, en un momento dado (y reconocidamente impreciso) se comienza a hablar de su calvicie.[61]

[61] Este sofisma pertenece al mismo género que el *sorites* o "sofisma del montón", que podría servirnos igualmente para este breve ejercicio de argumentación analógica. Uno de los más conocidos se le atribuye a Eubúlides: un montón de arena lo sigue siendo si se le saca un grano de arena; luego, si se le continuara quitando de un grano por vez, habría

Pues bien: ¿cuántos "no ciudadanos" o "ciudadanos semiplenos" (unos y otros en condiciones legales de ser "ciudadanos plenos") debe haber en una democracia representativa antes de que digamos que ésta se ha quedado calva, o sea, que ha dejado de serlo? El ejemplo permite entender mejor por qué la respuesta a una pregunta así depende de la política y no de la epistemología.

Se trata de saber, en efecto, cuáles son los grados de exclusión total o parcial que una sociedad está dispuesta a tolerar. Esto depende tanto de sus tradiciones y de su cultura política como de las características de los actores que la integran y de las relaciones de fuerza que existen entre ellos en un momento determinado.

Un sociólogo a quien ya cité, Ralf Dahrendorf, escribe en relación con los países industriales: "si permitimos que se le niegue el acceso a nuestra comunidad cívica a, digamos, un 5% de la población, no deberíamos sorprendernos de que se difundan dudas en todo el tejido social acerca de la validez de nuestros valores". *¿Qué decir, entonces, de países como los latinoamericanos donde, según los lugares, tal porcentaje es cinco, diez o quince veces mayor?*

Coincidentemente, Dominique Schnapper, una investigadora francesa, afirma que "en las sociedades democráticas ricas, los procesos de exclusión social constituyen un escándalo" porque "ponen en cuestión los valores mismos en los que se fundan el orden social y la idea de justicia que preside su organización". ¿Por qué deberían ser menos escandalosos en las "sociedades democráticas pobres"?

Repito: en esta materia, explícita o implícitamente, trazar el límite de lo que se considera o no aceptable es siempre uno de los objetivos principales de la lucha política. Por eso expliqué páginas atrás que tanto el Estado como la ciudadanía son construcciones y

---

que admitir que el último y solitario grano que quedase tendría que ser considerado un montón de arena. Esta conclusión es obviamente falsa. La paradoja se suscita porque estamos ante una instancia de eso que los filósofos llaman un "predicado *vago*", cuyos límites son inciertos y difíciles de determinar. Pero es claro que en algún momento el montón de arena cesa de existir.

aludí igualmente al papel que –para bien o para mal– siempre han jugado en esto los intelectuales. Por eso también critiqué la pasividad de aquellos pensadores latinoamericanos que, en estos años, han preferido soslayar las reflexiones a la Dahrendorf y eligieron no preguntarse si acaso por estos parajes la democracia nació calva o se está quedando calva prematuramente. Es probable (y es de esperar) que esa pasividad comience a cambiar bajo el impulso de la propia gravedad de la situación.

Lo aparente y lo real

Si la primera razón por la cual es engañoso aquel parecido de familia inmediato con los casos paradigmáticos (me refiero a la común aceptación de la democracia como el *gobierno de los políticos*) concierne a su carácter más aparente que real, la segunda tiene que ver con el efecto de ocultamiento que produce respecto de un parecido mucho más profundo. Y es que nuestros regímenes democráticos son claros herederos de la visión del gobierno representativo que consagró la Constitución de los Estados Unidos, *la cual buscó en forma deliberada que la economía quedara a salvo de los cambios políticos.*

Esto significa que, librado a sí mismo, el mecanismo del que habla Schumpeter es parte de un engranaje que funciona con mucha eficacia para perpetuar (y no para modificar sustantivamente) el orden establecido. Como consecuencia de la guerra y/o de una crisis económica de grandes proporciones es ciertamente posible que este orden se desestabilice, que aumente de manera apreciable el campo de acción del gobierno y que fuerzas transformadoras puedan ganar espacio (esto es lo que ocurrió en los países industriales durante los "treinta años gloriosos" de la posguerra). De lo contrario, no sólo las tácticas de presión de los grandes intereses sino también las divisiones y los contrapesos institucionales que dan resguardo a la economía se encargan de reducir fuertemente los márgenes de maniobra de la política. (En casi todas partes, la resistencia al cambio que es típica de la estructura de los sistemas impositivos brinda un buen ejemplo de lo que sostengo, cualquiera sea el partido que llegue al poder.)

Lo cual quiere decir que cuando se afianzan regímenes sociales de acumulación concentrados y excluyentes, como en general sucede hoy en América Latina, la democracia representativa –entendida sólo como un mecanismo– tiende naturalmente a reproducirlos, más allá de las buenas o malas intenciones de quienes resulten electos. Se comprende así en toda su dimensión la validez de aquella enseñanza de la física que mencioné, aunque con un agregado importante: en este caso, el propio mecanismo contribuye a que se mantengan las condiciones que hacen que funcione de un modo distinto a lo que sucede en otros lugares. Por ello acostumbran ser tan magros los resultados de las reformas republicanas que se emprenden en procura de un mejor funcionamiento de las instituciones: por un lado, chocan rápidamente con sus límites; y por el otro, no actúan sobre lo principal.

Para seguir con la metáfora, aquí el parecido de familia profundo que menciono es responsable de que sean cada día más tenues los parecidos de familia ostensibles respecto de los casos paradigmáticos de democracias capitalistas consolidadas. En realidad, ha ocurrido una curiosa inversión de los términos, de la cual sería bueno tomar conciencia y a la que paso a referirme.

La disyuntiva de Black

Tal como ya señalé, es imposible que exista una correspondencia exacta entre una idea y sus manifestaciones históricas concretas del mismo modo que tampoco la hay entre una teoría científica y su interpretación empírica. Por eso en los años treinta el filósofo Max Black planteó una disyuntiva célebre. ¿Los contornos de una na-

ranja o de una pelota de tenis son copias imperfectas de una forma
ideal que es conocida por la geometría pura o, al revés, la geometría de las esferas provee una versión simplificada e imperfecta de
las relaciones espaciales propias de una cierta clase de objetos físicos a la cual pertenecen la naranja o la pelota de tenis?

Dicho de otra manera: ¿a quién hay que culpar por la falta de correspondencia? ¿Al mundo o a la teoría? ¿A las manifestaciones históricas concretas o a la idea?

En sus análisis de la democracia, Schumpeter y sus seguidores no
han abrigado dudas: debe culparse a la idea. Según ellos, ésta pro-
bó ser menos rica, menos realista y menos eficaz que las manifestaciones históricas concretas que ha tenido la democracia liberal en
los países capitalistas avanzados. En cambio, Marshall y muchos
otros críticos de tales manifestaciones concretas han operado con
el supuesto inverso, esforzándose por corregir las desviaciones de
una práctica que en las sociedades de clase ha tendido constantemente a alejarse de la visión de la democracia como autogobierno
colectivo.

El problema es que, en América Latina, las naranjas y las pelotas
de tenis suelen adoptar formas muy distintas a las que asumen en el
Primer Mundo, a pesar de que traten de parecerse a ellas e incluso
por eso mismo. Más aún, hasta hay buenas razones para sospechar
que algunas de sus variedades no pertenecen (o pertenecen cada vez
menos) a la misma clase de objetos.

Es así que, desde hace dos décadas, se han vuelto dominantes
entre nosotros concepciones de la economía y de la política que
trastocan sus términos. A nivel económico, fenómenos tan característicos de la región como una industrialización débil y no arti-
culada, la heterogeneidad estructural o una baja capacidad
innovadora hubiesen requerido soluciones imaginativas, estrictamente adaptadas a las peculiaridades de cada sitio. En cambio, se
instaló el neoliberalismo, que cree a pie juntillas en el modelo neo-
clásico, que difunde una receta única y que pretende que un mun-

do imperfecto se adecue a ella, a como de lugar. O sea que, donde correspondía hacer prioritario lo real, se optó dogmáticamente por la teoría.

En cambio, a nivel político, se usó a Schumpeter para no discutir la idea de la democracia, que era sin embargo lo que se precisaba y con urgencia. Porque históricamente forman legión los latinoamericanos que han visto sistemáticamente confiscada su autonomía por derecha o por izquierda. Baste pensar en los regímenes oligárquicos, en las dictaduras, en los populismos autoritarios o en los movimientos leninistas y similares. Tal la pesada tradición heterónoma que debía ser transformada y de la cual tampoco se alejan ahora demasiado ni el gobierno de los políticos ni una ciudadanía trunca.

De ahí que, en términos de la disyuntiva de Black, en América Latina se vuelva hoy indispensable apelar decididamente a la *idea* de la democracia como autogobierno colectivo para corregir la alarmante imperfección de las que se autotitulan sus manifestaciones concretas. Esto no equivale a embarcarse en un voluntarismo utópico. *En rigor, voluntaristas utópicos son los defensores del orden establecido que suponen que de esta manera llegaremos a parecernos a los casos paradigmáticos.* Contrariamente a lo que se ha hecho, se trata de emular de veras la experiencia del Primer Mundo, dándole mucha mayor prioridad al discurso de Marshall que al discurso de Schumpeter.

Es imprescindible recuperar esa perdida visión de la democracia como *gobierno del pueblo*, tanto para protegerla de las asechanzas del populismo como para fomentar un activo debate público acerca del alcance y de los límites del *gobierno de los políticos*.

Nótese bien: no digo que recuperar esa idea signifique liquidar el *gobierno de los políticos* sino acotarlo, controlarlo y darle en los hechos mucha mayor legitimidad sustantiva que la que posee. Según indicaré en el próximo capítulo, se trata justamente de que ambas visiones se combinen y se equilibren, impidiendo que, tal como ocurre ahora, el *gobierno de los políticos* continúe desplazando por completo al *gobierno del pueblo*.

Para lograrlo, se vuelve necesario poner en el primer lugar de la agenda pública la garantía y la generalización de los derechos civiles, políticos y sociales del conjunto de los ciudadanos, sin lo cual no hay sujetos autónomos ni contratos o pactos sociales que puedan considerarse válidos y, mucho menos, una democracia representativa de bases sólidas que se haga acreedora a su nombre.

XXIII. Epílogo

DICE Mangabeira Unger: "Cuando las guerras escasean y los colapsos económicos se vuelven administrables, todos los contemporáneos tenemos que aprender a cambiar sin arruinarnos. *La alternativa a la catástrofe como condición del cambio es la reforma de las ideas y de las instituciones*".

Es justamente de esta alternativa de la que estoy hablando (aunque dudo de que hoy nuestros colapsos económicos sean siempre administrables). Nunca le han servido a América Latina los senderos de mera imitación dependiente de la experiencia (o de la prédica) de los países del Primer Mundo: ni cuando hizo suyo a instancias del centro el teorema ricardiano de las ventajas comparativas o se sometió a la lógica de un supuesto "círculo vicioso de la pobreza", ni cuando se industrializó de la mano de las corporaciones transnacionales, ni ahora que se ha plegado al "consenso de Washington" y a una concepción pretendidamente realista de la democracia como el gobierno de los políticos. Es más: un gobierno de los políticos que siga obedeciendo los dictados de ese "consenso" se condena a perder las pocas bases de legitimación sustantiva que le quedan y a enfrentar problemas de gobernabilidad cada vez más serios.[62]

---

[62] "En teoría, el Fondo Monetario Internacional sostiene las instituciones democráticas en los países que asiste. En la práctica, sin embargo, impone políticas que socavan el proceso democrático." Viene de decirlo Joseph Stiglitz, que hasta 1999 fue vicepresidente del Banco Mundial (*Clarín*, 25 de mayo de 2000). Precisamente Michel Camdessus, que dirigiera al FMI todos estos años, había comentado a su vez: "Es verdad que si hay un peligro capaz de hacer estallar este sistema, es la pobreza y las diferencias enormes entre pobres y ricos que ha generado" (*El País*, 23 de abril de 2000). Más de uno

Sólo que ni hay ni puede haber una receta general para esa reforma de las ideas y de las instituciones –y mucho menos cuando, como aquí, el punto de referencia es América Latina en su conjunto–. Son demasiado distintas la naturaleza y la dinámica histórica de los países del área y muy diferentes sus estilos nacionales de hacer política como para proponer modelos universales de cambio. Cada vez que se hizo esto y se lo llevó a la práctica, las consecuencias fueron nefastas.

Lo más que puede intentarse a este nivel es formular críticas *sensibilizadoras*, que sugieran hacia dónde mirar aunque no puedan decir qué es lo que se va a ver.[63] Mal o bien, éste ha sido mi principal objetivo en las páginas que preceden.

Creo que surge suficientemente de ellas que una de las ideas que debe abandonarse es la de que puede existir una división efectiva (y provechosa) entre la economía y la política, la cual les sirve hoy a los poderosos de la economía para subordinar la política a sus intereses. Esto implica revisar supuestos culturales tan difundidos como el que lleva a referirse a la "intervención" del Estado en la economía, dando falsamente por sentado que hay una economía anterior e independiente del Estado. Para utilizar los mismos términos, el Estado siempre "interviene" en la economía: lo que debe discutirse es el tipo de "intervención" que se desea.

Quienes tratan de impedir esta discusión apelan a dos tipos de argumentos discordantes. Uno levanta el fantasma de un Estado todopoderoso que ahogaría a la iniciativa privada, como si el extremismo fuese la única opción que puede oponerse a lo que existe. El otro agita, en cambio, un fantasma de fabricación más recien-

---

se pregunta (o tiene derecho a hacerlo) ante quiénes son democráticamente responsables los funcionarios internacionales por las políticas que ponen en marcha y que después lamentan. Sus errores afectan las vidas de millones de personas pero raramente la de ellos mismos.

63 La distinción entre conceptos *definitivos* y *sensibilizadores* fue introducida hace ya un par de décadas por el sociólogo norteamericano Herbert Blumer.

te, el de la globalización, para que nos resignemos a aceptar que el Estado no puede intervenir aunque quiera y que, por lo tanto, no hay alternativas.

Son recursos retóricos muy frágiles que les han dado, hasta ahora, un resultado francamente sorprendente y que se necesita superar para permitir que la discusión avance. Porque Estados sociales como los de los países escandinavos no han impedido ni impiden que se desarrolle allí el capitalismo; y en cuanto a la globalización –falsamente concebida como el poder monolítico y sin fisuras de los grandes grupos económicos y financieros transnacionales y de sus organizaciones– sólo paraliza la acción política de quienes se pliegan en los hechos a la estrategia de algunos de esos grupos y prefieren dar por perdida la batalla antes de entablarla.

En verdad, si una enseñanza se desprende del recorrido que hemos realizado es que, inexorablemente y contra lo que postula la separación neoliberal entre la economía y la política, el presente y el futuro del trabajo y de los trabajadores constituye una parte esencial de cualquier debate serio sobre la democracia en América Latina, pues de ellos depende que ésta pueda sostenerse, como corresponde, en una mayoría de ciudadanos plenos.

Por eso, en las presentes circunstancias no hay ningún tema más prioritario que éste para quienes creen en la democracia. Y no es un asunto que pueda quedar en manos de los expertos en economía o en relaciones laborales so pretexto de despolitizarlo, simplemente porque hoy es el más político de todos los asuntos.[64]

---

[64] Pocos ejemplos más claros de esta tendencia a una supuesta despolitización que la actual moda de que tecnócratas no sometidos al voto popular sean quienes dirijan los bancos centrales de los países, independientemente de los resultados electorales. Es decir que los ciudadanos ni siquiera pueden emitir opinión acerca de quienes controlan un área clave de la política económica. La justificación principal que se esgrime es que hay que darles seguridad a los inversores. Faltan todavía buenos estudios comparativos que muestren hasta dónde resultan también beneficiosas para la mayoría de la población prácticas como éstas, que no tienen nada de democráticas.

Por lo demás, tales expertos se hallan tan condicionados por su idiosincrasia como cualquiera y no sólo sufren las presiones de los grupos dominantes sino que suelen adoptar comportamientos bastante particulares cuando ocupan posiciones de poder. Sucede que su credencial para llegar a estas posiciones no son los votos sino un supuesto saber que, por eso mismo, defienden con intransigencia, máxime cuando cuentan con el respaldo nada neutro de las burocracias internacionales y de la ideología del "no hay alternativas". De ahí que un protagonismo excesivo de los técnicos conlleve siempre dos riesgos muy graves para la democracia: el dogmatismo y el autoritarismo.

En todo caso, corresponde a los expertos aportar al debate público datos y escenarios probables; pero quien tiene que participar, decidir y comprometerse en un tema de importancia tan vital es la comunidad en su conjunto, a pesar de todas las limitaciones que puedan afligirla. Linda con el absurdo el hecho de que las actuales discusiones económicas latinoamericanas giren mucho más alrededor de cuestiones monetarias y financieras que en torno a los perfiles que debe tener una economía de la producción volcada a la generación de empleos y a la ampliación de los mercados internos. Ahora se comprende mejor por qué la democracia ha sido reducida convenientemente a un procedimiento y en América Latina ni siquiera se comentan las condiciones que le fijó Schumpeter para que pudiese funcionar con éxito.

* * *

A fin de torcer tal estado de cosas, la agenda pública necesita incorporar con urgencia y con claridad ítems que movilicen al pueblo y a sus múltiples organizaciones en torno a asuntos que, contra lo que creía el mismo Schumpeter, no se encuentran nada alejados de las preocupaciones del ciudadano común ni son tan difíciles

de entender como se arguye. ¿Quiénes están en mejores condiciones que sus víctimas para darse cuenta, por ejemplo, de que la flexibilización laboral neoclásica que hoy se les impone sólo busca una
total desregulación de la oferta y la demanda de mano de obra para beneficio de los patrones y poco tiene que ver con una flexibilización negociada de los procesos de trabajo que efectivamente los
modernice para beneficio de todos? ¿O de los verdaderos alcances
de una seguridad jurídica que se invoca en tono altisonante ni bien
se percibe alguna amenaza para los intereses de los grandes capitalistas pero no cuando quedan en la calle o se les rebajan los sueldos
a cientos de miles de trabajadores?

Demos un paso más en la misma dirección desmitificadora: ¿en
qué consiste realmente ese pretendido "pensamiento único" en el
cual se habría encarnado la racionalidad de la época en que vivi-
mos? En rigor, pivota sobre tres ejes valorativos generales perfectamente opinables por cualquier persona común: un cierto grado de
tolerancia en las ideas y en las costumbres; una gran pasión por el
dinero; y la creencia de que las desigualdades sociales son inerra-
dicables y, por último, necesarias. El primer eje conecta el pensamiento único con los principios de la democracia como mero
procedimiento; los otros dos, con el abandono del keynesianismo y
el retorno a la economía neoclásica. Más allá de esto, las interpretaciones y las aplicaciones concretas del imaginado "pensamiento
único" varían de lugar en lugar y son muy distintas en los Estados
Unidos y en Francia o en Inglaterra y en Alemania. Es decir que,
contrariamente a la propaganda, no existe una real convergencia
entre los países, según lo confirma, por ejemplo, cualquier vistazo a
sus políticas fiscales o sociales.[65] Como concluye Emmanuel Todd
luego de hacer un agudo análisis del tema: "no hay *nada* en el pen-

---

[65] El lector interesado puede consultar con provecho trabajos de especialistas tan diversos como Lance Taylor, Gosta Esping-Andersen, Dani Rodrik o Geoffrey Garrett (véase la Orientación bibliográfica).

samiento único, que es en realidad un no-pensamiento o un pensamiento cero", cuyo "rasgo central y unificador es la glorificación de la impotencia".

Se trata, precisamente, de luchar contra tal glorificación, poniendo al descubierto tanto la endeblez de sus fundamentos teóricos como los sectores sociales específicos a los que beneficia. De esto se desprende la importancia de ese camino participativo al que me refiero, que, entre otras cosas, le podrá dar un cauce democrático a las revueltas y a los conflictos sociales manifiestos y latentes que la situación torna inevitables, que amenazan desbordarse y que siempre resultan un caldo de cultivo propicio para los autoproclamados salvadores de la patria.

Tal cauce de reconstrucción del Estado y de la ciudadanía requiere que se estimulen y multipliquen formas diversas de democracia directa, como las consultas populares, los referendos y los plebiscitos. Además, junto con estos modos de democratización que relacionan al ciudadano con el gobierno, deben fomentarse otros de índole horizontal y descentralizada entre los ciudadanos mismos, a nivel de las organizaciones de la sociedad civil y de los movimientos sociales que en ella germinan.

Como ya expliqué en otros lugares, es hora de advertir (sobre todo en América Latina) que no existe necesariamente incompatibilidad entre la democracia representativa y la democracia directa. En sociedades tan diferenciadas y complejas como las actuales, no es cuestión de que una reemplace a la otra, sino de que ambas se influyan y condicionen entre sí, distinguiendo cuáles son los niveles de acción más apropiados para cada una. En este sentido, mi argumento no es un denuesto contra los políticos o contra la representación en general sino una crítica al modo en que tienden a operar los primeros y a las características que ha asumido la segunda. Es más: creo que no hay alternativa viable sin políticos que la asuman como tal; sólo que esto será tanto más factible cuanto mayores sean las presiones que ejerzan las movilizaciones y las organizaciones populares.

A partir de las alianzas que se establezcan y de las soluciones que se adopten será posible vertebrar proyectos colectivos de salida de la crisis que comprometan las energías de la mayoría de la población. Pero no únicamente esto: voluntades comunes así galvanizadas están llamadas a convertirse en una fuerza material potente e indispensable, tanto en el plano de la producción como en el de las tratativas con los grandes capitales y sus agencias, que han demostrado sobradamente no tener demasiadas dificultades en doblegar el poco o mucho empeño con que los enfrentan los políticos "schumpeterianos" (y sus técnicos), que tienen la invariable costumbre de sobrestimar su propia capacidad de negociación.

* * *

En América Latina, hoy más que nunca es el momento de los partidos del cambio, no del orden y de la permanencia. Señala Alain Touraine que, en Francia, los conflictos más significativos se han desplazado del terreno de los derechos sociales al de los derechos culturales; y que allí una política de empleo "debe ser el gran reto de las próximas décadas, del mismo modo que la mejora de la protección social fue el objetivo principal de la posguerra".

El atraso tiene desventajas considerables: una de ellas es que, entre nosotros, *todos* esos temas son absolutamente apremiantes, tanto los derechos sociales como los derechos culturales y la protección social tanto como la política de empleo. Aunque la historia enseña que, a veces, el atraso puede tener también sus privilegios: por ejemplo, aprender de los errores de otros y conseguir saltar aquí algunas etapas si es que los actores se colocan realmente a la altura de sus tareas.

Para eso hace falta que la viabilidad democrática se vuelva verdaderamente atractiva para las mayorías; y la única manera de lograrlo es apostando fuerte a una democracia de alta intensidad, que no

figura en los planes de las grandes burguesías vernáculas y extranjeras. Pero esto exige que la lucha contra la desigualdad sea asumida
como primordial y que inventemos entre todos nuevas formas institucionales que complementen, transformen y amplíen a las existentes, pues de lo contrario la experiencia enseña que éstas son un plano
inclinado que lleva al mantenimiento del *statu quo* o a algo peor.

Reitero que elaborar un catálogo de esas formas sería un ejercicio tan fácil como inútil puesto que, por definición, deben respetar
las diferencias y poseer rasgos propios según las características de
cada lugar. Alcanza con saber que son posibles; que ya hay muchas que están en pie y deben ser profundizadas, articuladas y difundidas; y que sería bueno que los intelectuales latinoamericanos que
todavía no lo hayan hecho aceptasen como una de sus misiones más
significativas la de interpretar, fortalecer, traducir y comunicar esas
experiencias.

Hablo de la acción de los sindicatos democráticos y combati-
vos; de las comunidades de base; de los movimientos campesinos;
de las diversas asociaciones policlasistas de nivel municipal o regio-
nal; de los movimientos sociales y culturales de origen étnico, de
género, ecologistas y de otros tipos; de los frentes de productores
creados por obreros, empleados y pequeños y medianos empresarios;
de las numerosas agrupaciones de estudiantes, docentes, investi-
gadores, intelectuales, periodistas, artistas, etc.; y de tantos más que
cobran forma propia todos los días.

Pienso también en las enormes posibilidades que hoy ofrecen los
medios de comunicación y recursos electrónicos tan importantes como Internet para armar redes nacionales e internacionales que pon-
gan en relación y articulen iniciativas que, como las mencionadas,
pueden hallarse a mucha distancia entre sí, rebasando por esta vía el
particularismo de sus límites y de sus reivindicaciones, fomentando
el diálogo y la deliberación y generando múltiples espacios para con-
certar iniciativas y llevar adelante esfuerzos en común. En el último año, las protestas de Seattle (contra la Organización Mundial del

Comercio) y de Washington (contra el Fondo Monetario Internacional) dieron amplia evidencia de la gran eficacia de instrumentos como éstos. Como ya ocurrió otras veces, la consecuencia no querida de los avances tecnológicos es que su uso difícilmente puede restringirse a una mera preservación del sistema que los produjo y abre a menudo posibilidades de lucha, de organización y de negociación tan novedosos como potentes.

Todo indica que de esos dispositivos de resistencia y de cambio dependerá, cada vez más, buena parte del destino de nuestros derechos humanos y de una consolidación democrática que el gobierno de los políticos no está en condiciones de asegurar por sí mismo.

Finalmente, fue gracias a un espíritu innovador semejante que lograron afirmarse en la posguerra las democracias de los países a los que intentamos parecernos y con los cuales hemos logrado hasta ahora, a lo sumo y en pocos lugares, un muy precario aire de familia.

Orientación bibliográfica

Consigno más abajo las principales fuentes bibliográficas que he mencionado o sólo aludido en este libro. Pero, antes, una breve orientación para el lector no especializado.

El texto de Dahl (1999) provee una útil y actualizada introducción general al tema de la democracia y contiene una buena bibliografía, aunque en su mayoría en inglés. Para quien lea, en cambio, francés, es muy recomendable el volumen colectivo dirigido por Darnton y Duhamel (1998). En su origen, cada uno de estos textos corresponde a una serie de emisiones televisivas a cargo de especialistas de primer nivel, reelaboradas luego en veinticinco capítulos que cubren un amplio espectro de temas.

Para quien desee explorar más a fondo el contexto al que se refieren las páginas anteriores, nada mejor que remitirse a dos obras tan claras y bien documentadas como las de Hobsbawm (1995) y Castel (1997).

Una fuente comparativa que mantiene todo su interés, son los cuatro volúmenes compilados por O'Donnell, Schmitter y Whitehead (1989). Es también útil otro texto colectivo más reciente, que coordinó Przeworski (1998) y que incluye una amplia bibliografía.

En lo que concierne específicamente a los dos autores que sirvieron de eje para mi exposición, quiero subrayar que los trabajos de los cuales me ocupo son de fácil lectura y no están reservados para expertos. Esto es particularmente válido para la parte IV del libro de Schumpeter (1961). Si bien lo mismo se aplica a Marshall (1963), debo hacer notar que sólo se tradujo al castellano el capítulo "Ciudadanía y clase social", en Marshall y Botmore (1963).

APTER, David E. (1965), *The Politics of Modernization*, Chicago, University of Chicago Press.

BARBALET, J. M. (1988), *Citizenship*, Milton Keynes, Open University Press.

BAUMERT, Gerhard (1952), *Jugend der Nachkriegszeit*, Darmstadt, Edward Roether Verlag.

BLUMER, Herbert (1969), *Symbolic Interactionism*, Englewood Cliffs, Prentice-Hall.

CASTEL, Robert (1997), *Las metamorfosis de la cuestión social*, Buenos Aires, Paidós.

CASTORIADIS, Cornelius (1997), "Democracy as Procedure and Democracy as Regime", en *Constellations*, vol. 4, núm. 1.

DAHL, Robert A. (1956), *A Preface to Democratic Theory*, Chicago, University of Chicago Press.

—— (1985), *A Preface to Economic Democracy*, Cambridge, Polity Press.

—— (1999), *La democracia*, Buenos Aires, Taurus.

DAHRENDORF, Ralf (1991), *Reflexiones sobre la revolución en Europa*, Barcelona, Emecé.

—— (1994), "The Changing Quality of Citizenship", en Bart van Steenbergen, comp., *The Condition of Citizenship*, Londres, Sage.

—— (1996), "Citizenship and Social Class", en Martin Blumer y Anthony M. Rees, comps., *Citizenship Today*, Londres, UCL Press.

DARNTON, Robert y Duhamel, Olivier (1998), "Introduction" a *Démocratie*, París, Éditions du Rocher.

DRAIBE, S. M., Guimaraes de Castro, M. H., y Azeredo, B. (1995), "The System of Social Protection in Brazil", en *Democracy and Social Policy Series*, Kellogg Institute, University of Notre Dame.

DUNN, John (1993), "Conclusion", en John Dunn, comp., *Democracy*, Nueva York, Oxford University Press.

DURKHEIM, É., y Fauconnet, P. (1903), "Sociologie et sciences sociales", en *Révue Philosophique*, 55: 465-497.

ESPING-ANDERSEN, Gosta (1996), "After the Golden Age? Welfare State Dilemmas in a Global Economy", en G. Esping-Andersen, comp., *Welfare States in Transition*, Londres, Sage.

FILGUEIRA, Fernando (1991), "Un estado social centenario: el crecimiento hasta el límite del estado social batllista",en *Documento de trabajo Nº 81*, Montevideo, PEITHO.

FLISFICH, Ángel (1991), "Estatismo, economía y democracia en la crisis actual del socialismo", en Norbert Lechner, comp., *Capitalismo, democracia y reformas*, Santiago.

FRASER, Nancy y Gordon, Linda (1994), "Civil Citizenship against Social Citizenship", en Bart van Steenbergen, ob. cit.

GARRETT, Geoffrey (1999), "Mercados globales y política nacional", en *Desarrollo Económico*, vol. 38, núm. 152.

GEORGE, Susan (1997), "How to Win the War of Ideas", en *Dissent* (Verano).

GIDDENS, Anthony (1999), *La tercera vía*, Madrid, Taurus.

GUÉHENNO, Jean-Marie (1999), *L'avenir de la liberté*, París, Flammarion.

HOBSBAWM, Eric (1995), *Historia del siglo XX*, Barcelona, Crítica.

KENWORTHY, Lane (1995), *In Search of National Economic Success*, Thousand Oaks, Sage.

KRUGMAN, Paul (1998), *The Accidental Theorist*, Nueva York, W. W. Norton.

LE GRAND, Julian (1998), "¿Caballeros, pícaros o subordinados?", en *Desarrollo Económico*, vol. 38, núm. 151.

LIPSET, Seymour M. (1959), "Some Social Requisites of Democracy: Economic Development and Political Legitimacy", en *American Political Science Review*, 53.

LO VUOLO, R. M., y Barbeito, A. C. (1998), *La nueva oscuridad de la política social*, Buenos Aires, Miño y Dávila Editores.

MANGABEIRA UNGER, Roberto (1999), *La democracia realizada*, Buenos Aires, Manantial.

MANIN, Bernard (1998), *Los principios del gobierno representativo*, Madrid, Alianza Editorial.

MARAVALL, José María (1996), "Presentación", en *Perspectivas teóricas y comparadas de la igualdad*, II Simposio sobre Igualdad y Distribución de la Renta y la Riqueza, Madrid, Fundación Argentaria.

MARSHALL, T. H. (1963), *Sociology at the Crossroads and other Essays*, Londres, Heinemann.

MARSHALL y Botmore (1963), *Ciudadanía y clase social*, Alianza.

MEAD, Lawrence (1992), *The New Politics of Poverty*, Nueva York, Basic Books.

MURILO DE CARVALHO, José (1995), *Desenvolvimiento de la ciudadanía en Brasil*, México, Fondo de Cultura Económica.

NUN, José (1987), "La teoría política y la transición democrática", en J. Nun y J. C. Portantiero (comps.), *Ensayos sobre la transición democrática en la Argentina*, Buenos Aires, Puntosur.

—— (1989), *La rebelión del coro*, Buenos Aires, Ediciones Nueva Visión.

—— (1991), "La democracia y la modernización, treinta años después", en *Desarrollo Económico*, vol. 31, núm. 123.

—— (1999), "El futuro del empleo y la tesis de la masa marginal", en *Desarrollo Económico*, vol. 38, núm. 152.

O'DONNELL, Guillermo (2000), "Teoría democrática y política comparada", en *Desarrollo Económico*, vol. 39, núm. 156.

——, Schmitter, Philippe y Whitehead, Lawrence (comps.) (1989), *Transiciones desde un gobierno autoritario*, Buenos Aires, Paidós.

PÉREZ-DÍAZ, Víctor M. (1987), *El retorno de la sociedad civil*, Madrid, Instituto de Estudios Económicos.

PRZEWORSKI, Adam (coord.) (1998), *Democracia sustentable*, Buenos Aires, Paidós.

—— (1999), "El estado y el ciudadano", en *Escenarios alternativos*, Año 3, núm. 7.

ROCHE, Maurice (1987), "Citizenship, Social Theory, and Social Change", en *Theory and Society*, 16: 363-399.

RODRIK, Dani (2000), "Gobernar la economía global: ¿un único estilo arquitectónico adecuado para todos?", en *Desarrollo Económico*, vol. 40, núm. 157.

RUESCHEMEYER, D., Huber Stephens, E., y Stephens, J. D. (1992), *Capitalist Development and Democracy*, Chicago, University of Chicago Press.

SCHNAPPER, Dominique (1996), "Intégration et exclusion dans les sociétés modernes", en Serge Paugam, comp., *L'exclusion*, París, Éditions La Découverte.

SCHUMPETER, Joseph A. (1961), *Capitalismo, socialismo y democracia*, México, Aguilar.

SHAH, Ghanshyam (1990), "Grass-Roots Mobilization in Indian Politics", en Atul Kohli, comp., *India's Democracy*, Princeton, NJ, Princeton University Press.

SOLOW, Robert M. (1998), *Work and Welfare*, Princeton, Princeton University Press.

TAYLOR, Charles (1975), *Hegel*, Cambridge, Cambridge University Press.

TAYLOR, Lance (1988), *Varieties of Stabilization Experience*, Nueva York, Oxford University Press.

THERBORN, Goran (1977), "The Rule of Capital and the Rise of Democracy", en *New Left Review*, 103.

THOMPSON, E. P. (1975), *Whigs and Hunters*, Nueva York, Pantheon Books.

TODD, Emmanuel (1999), *La ilusión económica*, Buenos Aires, Taurus.

TORRES-RIVAS, Edelberto (1991), "Los mecanismos de la ilusión: las elecciones centroamericanas", en *Documento de trabajo Nº 1*, Costa Rica, FLACSO.

TOURAINE, Alain (1999), *¿Cómo salir del liberalismo?*, Barcelona, Paidós.

VILAS, Carlos M. (1997), "De ambulancias, bomberos y policías: la política social del neoliberalismo", en *Desarrollo Económico*, vol. 36, núm. 144.

WITTGENSTEIN, Ludwig (1958), *Philosophical Investigations*, Nueva York, Macmillan. Hay edición en español: *Investigaciones filosóficas*, Madrid, Cátedra.

Índice

Se terminó de imprimir en el mes de mayo de 2001
en Latingráfica, Rocamora 4161,
Buenos Aires, Argentina.
Se tiraron 1500 ejemplares.